·学习丛书·

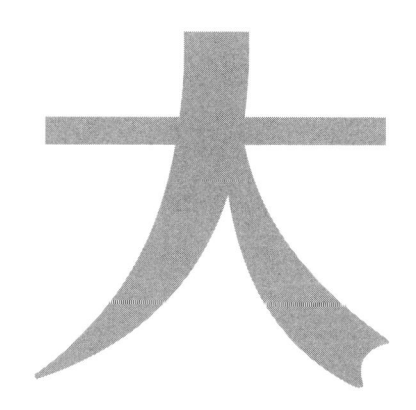

大局

知名学者共论中国新发展

北京大学习近平新时代中国特色社会主义思想研究院 编

中央编译出版社
Central Compilation & Translation Press

图书在版编目(CIP)数据

大局:知名学者共论中国新发展/北京大学习近平新时代中国特色社会主义思想研究院编.-- 北京:中央编译出版社,2024.9

ISBN 978-7-5117-4737-2

Ⅰ.①大… Ⅱ.①北… Ⅲ.①中国特色社会主义—社会主义建设模式—研究 Ⅳ.① D616

中国国家版本馆 CIP 数据核字（2024）第 077707 号

大局：知名学者共论中国新发展

出版统筹	潘　鹏
责任编辑	何　蕾　汪　婷　李小燕
责任印制	李　颖
出版发行	中央编译出版社
地　　址	北京市海淀区北四环西路 69 号（100080）
电　　话	（010）55627391（总编室）　（010）55625176（编辑室） （010）55627320（发行部）　（010）55627377（新技术部）
经　　销	全国新华书店
印　　刷	北京文昌阁彩色印刷有限责任公司
开　　本	880 毫米 ×1230 毫米 1/32
字　　数	139 千字
印　　张	10
版　　次	2024 年 9 月第 1 版
印　　次	2024 年 9 月第 1 次印刷
定　　价	68.00 元

新浪微博：@中央编译出版社　　微　信：中央编译出版社（ID：cctphome）
淘宝店铺：中央编译出版社直销店（http://shop108367160.taobao.com）（010）55627331

本社常年法律顾问：北京市吴栾赵阎律师事务所律师　闫军　梁勤

目 录

序　言　深入研究阐释习近平新时代中国特色社会
　　　　主义思想　/1
郝　平　龚旗煌

百年未有之大变局与百年大党　/001
任羽中

马克思主义与中国道路　/025
潘　维

中国经济学创新的立足点　/051
林毅夫

两种体制、两个奇迹与"两个互不否定"　/077
于鸿君

中国实践推动经济学革命　/109
陈　平

改革开放、国家能力与经济发展　/133
王绍光

全球危机与中国的乡村振兴　/159
温铁军

中国法治道路与法治模式
——全球视野与中国经验　/181
强世功

关于文化自信　/209
韩毓海

我国生态文明建设的伟大变革及基本经验　/259
郇庆治

后　记　践行大学之道　/303
韩毓海

序　言

深入研究阐释习近平新时代中国特色社会主义思想

北京大学习近平新时代中国特色社会主义思想研究院
理事长　郝　平　龚旗煌

一个民族要走在时代前列，就一刻不能没有理论思维，一刻不能没有正确思想指引。党的十八大以来，中国特色社会主义进入新时代，以习近平同志为主要代表的中国共产党人，坚持把马克思主义基本原理同中国具体实际相结合、同中华优秀传统文化相结合，创立了习近平新时代中国特色社会主义思想。习近平新时代中国特色社会主义思想是当代中国马克思主义、二十一世纪马克思主义，是中华文化和中国精神的时代精华，是党和人民长期实践经验和集体智慧的结晶，是全党全国各族人民为实现中华民族伟大复兴而奋斗的行动指南。

"大学是一个研究学问、探索真理的地方"。作为中国第一所现代教育机构，北京大学是中国最早传播马克思主义和民主科学思想的发祥地，"北大是常为新的，改进的运动的先锋，要使中国向着好的，往上的道路走"。在革命、建设、改革等各个时期，北京大学始终与祖国和人民共命运，与时代和社会同前进。高校要走在教育改革的前列，北京大学应该走在全国高校的前列，这是党和人民对北京大学的要求，也是我们的责任与使命。

2014年5月4日，习近平总书记视察北京大学并发表重要讲话，深刻阐释了"大学之道"，勉励我们立足中国大地办世界一流大学。古人说："大学之道，在明明德，在亲民，在止于至善。"其中蕴含着中华文明绵延数千年的独特价值体系，这一价值体系就是我们所要立足的大地。习近平总书记深刻指出："一个民族、一个国家的核心价值观必须同这个民族、这个国家的历史文化相契合，同这个民族、这个国家的人民正在进行的奋斗相结合，同这个民族、这个国家需要解决的时代问题相适应。世界上没有两片完全相同的树叶。"这就要求我们赓续五千年灿烂文明，使我们的工作服务于中华民族复兴伟业，努力破解当今中国与世界的重大问题。

习近平总书记的教诲，饱含着对北京大学师生的亲切关怀与殷切期望。

2016年5月17日，习近平总书记在哲学社会科学工作座谈会上提出要继承和弘扬中华优秀传统文化精华，坚持马克思主义为指导，创新哲学社会科学，建立系统性、专业性的学科体系、学术体系、话语体系，明确了加快构建中国特色哲学社会科学的总方针。

党的十八大以来，北京大学把深入研究阐释习近平新时代中国特色社会主义思想作为一切工作，包括构建中国特色哲学社会科学的根本指南，围绕习近平新时代中国特色社会主义思想理论体系，特别是习近平经济思想、习近平法治思想、习近平外交思想、习近平生态文明思想、习近平强军思想、习近平文化思想以及中国式现代化等重大理论和实践主题开展了一系列有组织的研究，组织动员跨学科研究力量同题共答。我们深深认识到，在根本方向明确之后，北京大学的特点，包括哲学社会科学领域学科齐全、底蕴深厚的优势，方才得到了充分的发挥，广大师生的教学、研究热情，方才得到了空前的提高，正是在习近平新时代中国特色社会主义思想指引下，我们形成了学校上下欣欣向荣、同心同德、团结奋进的大好局面。

为了深入学习、研究、阐释习近平新时代中国特色社会主义思想，应全校师生的要求，北京大学习近平新时代中国特色社会主义思想研究院设立了学习、研究、阐释、交流论坛——"新时代学习大家谈"（包括"新时代论坛"和"新时代青年论坛"），作为学习、研究、阐释和交流的平台。论坛长期坚持，深入研究，发挥了重要作用。参加论坛的学者中，既有德高望重的老专家，又有成果丰硕的学术带头人，还有崭露头角的后起之秀。近十年来，论坛的影响日益扩大，作为学校的一员，我们也多次参加论坛进行学习交流，感到这是一种把学习交流不断推向深入的好办法。

这套"学习丛书"集合了论坛的代表性成果，汇聚了诸多学者的学习体会和学术智慧。其中，《大局：知名学者共论中国新发展》聚焦习近平文化思想、习近平法治思想、习近平经济思想和习近平生态文明思想等重要主题，着眼国内国际两个大局，从不同学科的角度研究提炼有学理性的新理论，概括有规律性的新实践，提出许多富有洞见的新观点。该书出版后，即列入中央组织部全国干部培训好教材（45种），产生了较好反响，也体现了良好的学风和文风。《人民：中国共产党的力量之源》，分别从文化、理论、制度、道路四个方面，深刻阐述了以人民为中心的发展思想，视野开阔，阐述深切，见解精辟独到，既有广阔的世界视野，又有深邃的历史眼光，展示了以学术讲政治的深刻魅力，是哲学社会科学研究的优秀成果。《深入理解新发展格局》，从战略高度深刻阐释了新发展阶段、新发展理念和新发展格局，把马克思主义政治经济学与习近平经济思想紧密结合起来，把国内国际两个大局紧密结合起来，把战略与战术紧密结合起来，体现了学以致用的好学风。《新局：青年学者共论国家治理》，主要体现的是"新时代青年论坛"的成果，通过深入研究习近平总书记关于国家治理的重要论述，把自治、法治、德治相结合，具体化为对中长期发展规划、数字治理、金融治理、社会治理、区域与城市治理、共同富裕、国家治理现代化等方面主题的细致探讨。本着百花齐放、精心打磨、集思广益的原则，包括《文明：深入推进中华民族现代文明建设》等在内的论坛研讨成果，随后也将陆续出版。

时光荏苒，物换星移，时光之河，川流不息。十年前的今天，习近平总书记和我们一起走在鲜花盛开的北大校园，他的殷殷教诲犹在耳畔。当代中国正在经历着我国历史上最为广泛而深刻的伟大变革，也正在进行着人类历史上最为宏大而独特的实践创新。这种前无古人的伟大实践，必将给理论创造、学术繁荣提供强大动力和广阔空间。我们高兴地看到，十年来，系统深入地研究阐释习近平新时代中国特色社会主义思想，在北京大学已蔚然成风，更成为北京大学推进学术发展、理论创新和思想进步的根本遵循和不竭动力。值此"学习丛书"出版之际，作为学习活动的组织者、参加者，我们坚信，北京大学必将与一切有理想、有抱负的哲学社会科学工作者一道，为中华民族和人类进步创造更大的理论财富，为实现中华民族伟大复兴的中国梦不断作出新的更大的贡献。

百年未有之大变局与百年大党

任羽中

北京大学党委常委、副校长,兼任秘书长、党委宣传部部长。

习近平总书记反复强调："领导干部要胸怀两个大局，一个是中华民族伟大复兴的战略全局，一个是世界百年未有之大变局，这是我们谋划工作的基本出发点。"[1] 当前，世界格局正在发生自两次世界大战以来最剧烈、最深刻的变化。这不仅是实现中华民族伟大复兴所处的外部环境与国际条件，也是中华民族在伟大复兴进程中所参与、所影响的世界历史。理解"大变局"，实际上也就是理解中华民族伟大复兴的世界历史意义。

2012年以来，习近平总书记多次提到"世界变局"的概念。2012年11月15日，习近平主席在新一届中央军委班子第一次常务会议上指出，世界正发生前所未有之大变局。2017年10月25日，习近平

---

[1] 《习近平谈治国理政》第3卷，外文出版社2020年版，第77页。

总书记在党的十九届一中全会上的讲话中指出："当今世界正面临着前所未有的大变局，中国特色社会主义进入了新时代。"2017年12月28日，习近平总书记在年度驻外使节工作会议上的讲话中正式提出"百年未有之大变局"。"世界变局"的内涵十分明确，外延不断丰富，成为对我国发展环境的重大判断。

习近平总书记强调，当前，我国处于近代以来最好的发展时期，世界处于百年未有之大变局，两者同步交织、相互激荡。这为准确把握"国之大者""世界潮流""历史大势"提供了两个视角、两个维度。

一、时空：理解百年未有之大变局的两个维度

"百年未有之大变局"论断提出后，很多学者对其内涵进行了解读。如何把中华民族伟大复兴的历史进程放到世界格局动荡变革的大背景下进行理解，成为国内外学界、政界热烈讨论的话题。有观点指出，

百年未有之大变局归根到底就是秩序、发展与社会结构的变迁。也有观点进一步提出，百年未有之大变局意味着新一轮科技革命加快世界重塑，经济全球化推进全球治理变革，世界多极化使得国际力量趋于平衡，大国博弈推动国际体系深刻调整，文明交流互鉴强化世界多元。①还有观点将百年未有之大变局的内涵做了分领域的讨论，涉及经济全球化之变、世界经济格局之变、文明格局之变、政治格局之变、秩序之变与全球治理之变。②这些观点有分歧也有共识，都承认百年未有之大变局将带来根本性的改变，但对于"变"的内涵阐释，则各有侧重，不过整体上都覆盖了国际政治格局、经济秩序、全球治理体系等方面。③

国际上很多学者也认识到世界格局的剧变趋势，特别是在新冠疫情全球蔓延后，相关讨论更是层出不穷，但对于其可能的转向则持不同观点。美国经济学家斯蒂格利茨指出，国际货币基金组织对负债发展中

---

① 王振杰：《百年未有之大变局与中国担当》，《未来与发展》2020年第4期。
② 王存刚：《百年未有之大变局与中国共产党外交领导力》，《世界经济与政治》2020年第5期。
③ 朱锋：《近期学界关于"百年未有之大变局"研究综述》，《人民论坛·学术前沿》2019年第7期。

国家的帮助使其丧失经济主权，而发达国家也只有有限的1%民众能享受到这种全球化秩序所带来的利益，因此，这种全球秩序必然走向失灵，探索一种全球秩序的再平衡势在必行。① 世界著名马克思主义经济学家大卫·科茨则认为，导致2008年美国次贷危机蔓延全球的根本原因是新自由主义的资本主义，这场危机本身也意味着新自由主义秩序在全球地位的衰落。② 奥巴马时期的亚太事务助理国务卿坎贝尔和耶鲁大学学者杜如松则将新冠疫情比作当年的苏伊士运河事件，认为伴随着美国国际地位的动摇，中国正逐渐承担起国际事务主导地位。③ 而"历史终结论"的提出者弗朗西斯·福山虽然也认为疫情将造成国际自由主义秩序的变局，世界权力重心将进一步东移，但他认为相比起催生法西斯主义，这可能反而是自由民主体

---

① 对全球秩序中发展中国家的困境的探讨，集中在斯蒂格利茨《全球化及其不满》一书中，而发达国家中下层民众的困境，则是《不平等的代价》一书主要探讨的问题。[美]约瑟夫·E.斯蒂格利茨：《全球化及其不满》，夏业良译，机械工业出版社2004年版；[美]约瑟夫·E.斯蒂格利茨：《不平等的代价》，张子源译，机械工业出版社2013年版。
② [美]大卫·科茨：《新自由主义时代的终结？——美国资本主义的危机与重构》，陈晓芳、车艳秋译，《国外理论动态》2019年第1期。
③ Kurt M.Capmbell, Rush Doshi.The Coronavirus Could Reshape Global Order, Foreign Affairs, https://www.foreignaffairs.com/articles/china/2020-03-18/coronavirus-could-reshape-global-order.

制重生的机遇。①

中国历史上也曾提出"变局"的历史观。1872年,李鸿章在《复议制造轮船未可裁撤折》中称:"臣窃惟欧洲诸国,百十年来,由印度而南洋,由南洋而中国,闯入边界腹地,凡前史所未载,亘古所未通,无不款关而求互市。我皇上如天之度,概与立约通商,以牢笼之,合地球东西南朔九万里之遥,胥聚于中国,此三千余年一大变局也。"②然而,彼时孱弱的清政府既无法有效应对欧洲各国掌握海权之后对中国这一传统陆地国家提出的挑战,更无法及时转变思维、抓住机遇,将通商之机转变为"胥聚于中国"的秩序再建。从根本上来说,李鸿章关于"变局"危机并存的思路基本准确,但是因其关于"变局"的认识存在的时空双重错位和清政府较低的危机应对能力,清政府不仅未能转危为机,反而走向丧权辱国、民族危亡的困境。

---

① Francis Fukuyama.The Pandemic and Political Order:It Takes a State, Foreign Affairs, https://www.foreignaffairs.com/articles/world/2020-06-09/pandemic-and-political-order.
② [英]布兰德、梁启超:《李鸿章传》,高山译,新世界出版社2016年版,第252页。

首先是空间视角的错位。李鸿章对于世界局势变迁的判断依然是以中国作为"天朝上国"的中心视角来审视的，认为开放通商之后，在全球自由贸易体系中，中国仍有机会维持中心地位。事实上从全球格局的视角来看，"由印度而南洋，由南洋而中国"的转变早已发生，传统朝贡体系下的"天朝上国"地位早已不能用于理解航海时代的全球贸易体系，从中国中心的立场去审视这场变局，本身就已经是偏移的视角，难以窥见全局。

其次是空间视角的偏移又导致了时间尺度错位。李鸿章所言的"大变局"，在封建历史"三千年"的时间维度中是找不到根本原因的，必须将视线转向15世纪大航海时代之后的"三百年"世界历史之中。在这三百年间，文艺复兴、资产阶级革命、第一次工业革命和第二次工业革命相继发生，殖民扩张也在此时期出现和发展。世界从生产力到上层建筑的全方位变革已经深刻发生，形成了"中心—边缘"格局。在这个格局下，仅仅开放通商，彼时的中国并不能后来居上，更不可能逆转当时的中心秩序。

因此，理解当今世界百年未有之大变局，必须兼具古今中外的全局视角。一方面，既要放眼世界，理解新的生产要素变迁对建立于工业社会和全球自由贸易体系基础之上的现有世界格局构成的挑战，又要回到中国自身，明确中国在世界格局变迁中应该发挥的作用和占据的位置；另一方面，必须具备历史眼光和发展眼光，清晰审视当前变局在人类发展史上的阶段性定位，明确中国当前实现跨越式发展应有超越的视角，抓住新一轮科技"大航海时代"历史机遇，进行国际秩序变动的战略设计，并成为国际秩序变革的实际推动者。

认识世界发展大势，跟上时代潮流，是一个极为重要并且需要常做常新的课题，中国共产党自成立以来，一直在研究把握人类社会与历史发展规律，不断有创新理论与实践成果。习近平新时代中国特色社会主义思想将中华民族伟大复兴置于百年未有之大变局的格局变迁中，不仅意味着在"变局"的挑战中抓住实现中华民族伟大复兴的历史机遇，更体现出对于中华民族接近乃至居于世界舞台中央后，能够在新世界格局的构建中发挥何种作用、贡献什么力量的深邃思考。

二、挑战：百年未有之大变局的动荡变革

习近平总书记指出："当今世界正经历百年未有之大变局，新冠肺炎疫情全球大流行使这个大变局加速演进，经济全球化遭遇逆流，保护主义、单边主义上升，世界经济低迷，国际贸易和投资大幅萎缩，国际经济、科技、文化、安全、政治等格局都在发生深刻调整，世界进入动荡变革期。"① 这是对当前和今后时期世界大势与中国发展的深刻把握，高屋建瓴，切中要害，具有重要而深远的意义。必须认识到，百年未有之大变局所带来的挑战是全局性的，各个因素之间有着复杂的交织关系。

第一，百年未有之大变局直接体现在国际政治格

---

① 习近平：《在深圳经济特区建立40周年庆祝大会上的讲话》，《人民日报》2020年10月15日。

头，使得国际秩序与多边主义、经济全球化与自由贸易规则都面临严峻挑战。伊斯兰、东正教等文明也展示出政治文化活力，文明多样性的世界版图逐渐显现。

第二，全球经济格局与全球产业链的调整可以理解为百年未有之大变局的根本动因。近百年来，在欧洲殖民扩张过程中逐渐形成和发展的全球经济体系中，世界经济的中心始终游走在北大西洋沿岸，西欧和北美传统强国成为全球经济支柱，形成"中心—边缘"的差序格局。但是近年来，随着一大批新兴市场国家和发展中国家快速发展，其对世界经济增长的贡献率已经超过80%，经济总量占世界比重近40%，世界经济重心开始由西向东、由北向南转移，全球经济增长的重心将从欧美转移到亚洲，并外溢到其他发展中国家和地区。[1]这种变化打破了西方世界对全球经济秩序的主导，经济全球化出现了"去中心化"的现象，对发达国家在全球经济秩序中的主导地位构成了

---

[1] 权衡：《"百年未有之人变局"：表现、机理与中国之战略应对》，《科学社会主义》2019年第3期。

局的深刻调整上。后冷战时期美国主导建立的"一超多强"的全球秩序受到挑战，国际政治陷入大国竞争泥淖。自工业革命以来，无论是欧洲主导的殖民扩张、美苏主导的霸权对抗，还是冷战后美国主导的"一超多强"，欧美国家始终在国际政治格局中占据主导地位。2008年全球金融危机之后，新兴市场国家和发展中国家实现相对较快的复苏，而美国等老牌发达国家经济增长乏力，政治与社会困境加剧，整体实力相对衰弱，国际政治格局呈现"东升西降"，以美国为主导的"新罗马帝国"秩序难以维系，多极化背景下的大国竞争格局凸显。

与此同时，文明冲突与意识形态斗争日趋激烈。中国特色社会主义制度取得的巨大成功向世界宣示，社会主义无论是作为一种思想、运动，还是现实的制度，都在顽强地存在并蓬勃地发展着，宣告了西方所谓"历史终结论"的破产。而美欧等国社会底层运动爆发，背后深刻的阶级冲突使得执政阶级对意识形态斗争更为警惕。一些国家种族主义、民粹主义、分离主义、极端主义思潮蔓延，单边主义、保护主义抬挑战。

第三，新一轮科技革命带来的技术变革与创新，是百年未有之大变局中的关键变量。当前，第四次工业革命方兴未艾，为全球发展和人类生产生活带来颠覆性变化。人工智能、大数据、量子信息、生物技术等日新月异、叠加飞跃，正在实现质的突破，催生大量新产业、新业态、新模式。[①]在生产力变革的过程中，新技术领域对传统技术产生冲击，甚至可能出现颠覆性创新，许多先发国家在科技领域抢占的制高点受到挑战，固步不前则随时可能被后发者超越乃至取代。目前还没有哪个国家能在颠覆性技术研发与创新应用中保持绝对优势，世界诸国"重回起跑线"，为未来的国际格局增加了许多不确定性。

第四，层出不穷的全球性挑战则成为推动百年未有之大变局激荡的催化剂。全球化体系下，世界各国在生产关系、人员交往、科技创新、文化共荣等领域均发生着复杂的联系与互动。气候变化、国际恐怖主

---

① 李拓：《"百年未有之大变局"中的中国特色社会主义》，《科学社会主义》2019年第3期。

义、地区冲突和民族宗教矛盾等非传统安全因素相互作用，对国际局势构成整体性的影响。不断涌现的新科技在造福民生的同时，也潜藏着人员失业、安全失控、伦理失序等风险，威胁人类长远生存。互联网使社会面临组织形态扁平化的治理困境与信息流动即时化的管理挑战，人工智能和基因技术甚至比核武器更难以管控。国际社会在新兴领域建构治理体系的努力往往赶不上新技术的更新速度，有效监管困难重重。新冠疫情的全球蔓延更是强烈冲击着世界各国的经济、政治、社会、文化和外交，世界多国经济因疫情停摆，失业剧增，因为疫情而减少的各国联系使得跨国企业受到较大冲击，造成了严重的经济衰退，给各国政府的治理能力、制度生命力提出直接考验，各国大规模政治抗争运动频发，布热津斯基将其称为继近代以来宗教觉醒、阶级和民族觉醒之后的"第三次政治大觉醒"。[1]

第五，上述"变局"因素最终体现在全球治理秩序的变革上。在第二次世界大战后和冷战后形成的世

---

[1] 张骥：《新冠肺炎疫情与百年未有之大变局下的国际秩序变革》，《中央社会主义学院学报》2020年第3期。

界秩序中，美国都是主导者和维护者，但近年来，美国政府处处坚持"美国优先"，无意继续参与以联合国为核心，以一国一票、平等协商为原则的多边协商和全球治理。原有的全球治理秩序缺陷逐渐暴露，随时面临"失灵"危机，国际社会再次来到决定何去何从的十字路口，全球政治、经济、文化、治理等多重秩序面临调整与重构。特别是，近年来，美国从官方到民间对中国进行了经贸、政治、科技、文化交流等多方面的打压，中美关系的波动给中国的改革发展带来了很大的干扰。

三、机遇：百年未有之大变局中的秩序重构

"变"总会通向"序"。习近平总书记深刻指出，要"于危机中育先机、于变局中开新局"。百年未有之大变局是带有"破局"性质的大变化，但更要从中

看到"立局"的战略机遇。①

第一，新技术革命为全球产业链重塑提供了新的可能。生产力的迸发必然为世界范围内生产关系和上层建筑的变革带来新的图景，业已固化的全球产业链出现新的调整空间。当前，新技术投资开发竞争之激烈前所未有，传统大国和新兴国家均想在科技革命和产业变革中占得先机。能否及时抢占科技制胜点，站在产业变革的前沿和全球价值链的高地，实现科技创新与生产力发展的双重飞跃，将直接影响各国在新秩序中所处的位置。此外，新技术的发展也为全球治理体系的重塑提供了新的技术手段，全球信息网络的发展将可能促进全球治理向扁平化发展，全球范围内的信息流通则有机会在一定程度上取代人和物的流通，从而构建基于信息要素的全新全球一体化。

第二，在生产力变革的基础上，全球经济秩序必将发生新的变化，全球经济在重塑中焕发新的生机。基辛格在《世界秩序》一书中就指出了 21 世纪旧的

---

① 徐黎：《如何理解"百年未有之大变局"和"我国发展仍处于战略机遇期"？》，《学习时报》2019 年 3 月 25 日。

"中心—边缘"差序世界秩序结构存在的重大缺陷。随着全球在数据层面的高度联通逐步消除全球市场的信息不对称，发达国家市场与经济规模的有限性必然导致其资本、产能和技术的外溢。旧结构的绝对性正在动摇。新兴市场国家和众多发展中国家有机会在全球经济秩序的重塑中发挥重要作用，赢得更多的话语权和决策权，进而推动全球经济秩序朝着更加公正合理的方向发展。

第三，国际政治格局的多极化趋势为全球治理秩序的重塑提供了整合空间。部分传统国际政治大国单边主义、贸易保护主义和霸凌主义大行其道，国际治理出现了许多失序地带，这也给国际格局留出了更大的权力空白，这些权力空白将为重构多元共生的世界秩序提供足够的空间。由于传统的经济资本已经不再是最重要的决定因素，政治制度、治理模式、社会民情等因素也越来越成为影响国家发展的重要力量，新兴国家将更有机会参与到共享共治共生的新格局中，为实现全球秩序的多极化治理贡献新力量。

第四，包括新冠疫情在内的多重全球性危机在加速旧秩序崩溃进程的同时，也加速推进着新秩序的构建。病毒无国界，危机蔓延全球，在全球化危机面前，更需要世界各国携手共进，应对危机。各国更有机会在处理全球性挑战的过程中摸索出新的合作机制和治理模式，并在实践中证明其能够应对全球性危机的考验。

在百年未有之大变局中，世界需要重建秩序的信心，需要可供借鉴的、行之有效的国际调节逻辑与国家治理模式，而新的秩序，将会是世界各国在复杂的机制下合力作用的结果。世界上有责任感的国家首先需要认识和利用好变局之中的深层动因与内生要素，实现对美国主导下的霸权秩序的解构或部分解构，从而导向多元共生共享共治的国际秩序。

四、奋斗：百年大党领导的伟大复兴

中国共产党是在革命任务艰巨而又复杂的背景下产生的坚强领导力量。中国共产党的最高理想，已经远远超出一国的范围和时代的范畴，具有世界意义和百年尺度。100多年来，中国人民在中国共产党的带领下接续奋斗，在百年未有之大变局之中，日益走近世界舞台中央，前所未有地接近实现中华民族伟大复兴的目标，前所未有地具有实现这个目标的能力和信心。习近平总书记多次强调，要胸怀中华民族伟大复兴战略全局和世界百年未有之大变局，并用其谋划工作。这是百年大党领导中国人民应对百年未有之大变局、实现中华民族伟大复兴的行动宣言。

中国共产党领导中华民族伟大复兴事业，是历史和人民选择的。这项事业在百年未有之大变局中，有了时代赋予它的深刻意义。

第一，经济发展模式的创新。21世纪以来，中国、俄罗斯、印度、巴西、南非等不同地区发展中大国整体性崛起，而占世界人口比重最大、占发展中国家经济比重最大的中国无疑成为变局中的焦点，展现了发展中国家在西方的经济发展道路之外走出一条适合自身的发展道路的可能性。20世纪的"两头在外"、以出口为导向的发展模式，助力中国经济在融入全球市场的起步阶段站稳了脚跟。而现在的中国经济，已经越来越依赖于国内的循环。但这并不意味着中国要完全抛弃国外市场，走逆全球化的路。在新形势下，作为全球人口最多、最活跃的市场，中国更要通过高水平的对外开放，促进国内国际资源人才市场更高水平的互相促进，以开放包容的姿态迎接全球化的机遇与挑战，以国内国际双循环的发展模式更好地驱动世界经济向前发展。①

第二，体制和治理模式的巨大优势。党的十八届三中全会提出，"完善和发展中国特色社会主义制度，推进国家治理体系和治理能力现代化"。这是中国共产党提出的重大理论和实践课题，也是处在新的历史方位上对古今中外治理经验的借鉴传承和创新发展。中国的国家治理模式与西方治理模式的明显区别在于，中国的国家治理更强调完善和发展中国特色社会主义制度，强调中国的社会主义国家性质，以人民为中心，代表最广大人民的根本利益。特别是在新冠

---

① 邹蕴涵：《国内国际双循环：百年未有之大变局中的必然选择》，《经济》2020年第9期。

疫情的全球性冲击下，中国的体制结构性优势更加凸显。新冠疫情暴发之后，各级政府和党组织迅速动员医疗队伍整合医疗物资、开展社区隔离防控、建立方舱医院，坚持以人民为中心的发展思想，始终将人民的生命安全作为一切工作的出发点，迅速地控制住了病毒的传播，救治了一大批患者，为世界的抗疫斗争提供了中国智慧和中国方案。

第三，中华文化传统的"和"理念为世界秩序的构建贡献思想力量。自古以来，中国就是一个爱好和平的国家，"和为贵"这三个字已融入中华文化的基因，并成为新中国对外关系和准则的有机组成部分。当今时代的主题是和平与发展，而某些局部冲突和战争的存在，更衬托出"和"的可贵之处。中国已经通过实践证明了一条和平崛起、永不称霸的发展道路、发展模式和发展理念是成熟有效且可复制的。中国的崛起没有重走历史上大国崛起那样的战争、流血与冲突的"掠夺性发展"之路，而是建立在中国强大的国家能力、土地公有制的建立、较大比重的公有经济、国家计划制度、较高的广义积累率、政府的积极作用、发展的包容性、立足国内为主等众多因素之上的"包容性崛起"①。因此，中国提倡的"构建人类命运共同体"的主张，是可以依赖的，是有益于人类发展事业的。②

中华民族伟大复兴的实现，正是在变局中开新局的和平发展范本，必将为广大发展中国家塑造民族富强的信心，更将为全世界的发展创造巨大的共同发展机遇，这无疑将对世界新秩序的建立产生积极长远的深刻影响。习近平总书记深刻指出："制度优势是一个国家的最大优势，制度竞争是国家间最根本的竞争。"③ 面对百年未有之大变局，中华民族不仅要在经济增长、民生福祉、政治地位的意义上实现复兴，更重要的是在制度建设中为新格局的构建贡献东方智慧、中国力量。

从这个意义上来说，作为中国共产党这个百年大党在新时代的思想旗帜和实现中华民族伟大复兴的行

---

① 王绍光：《中国崛起的世界意义》，中信出版社 2020 年版，第 145—151 页。
② 王森垚：《百年未有之大变局与中国道路》，《人民论坛·学术前沿》2019 年第 22 期。
③ 习近平：《坚持和完善中国特色社会主义制度推进国家治理体系和治理能力现代化》，《求是》2020 年第 1 期。

动指南，习近平新时代中国特色社会主义思想不仅是指导中华民族如何实现伟大复兴的学说，更是关于中华民族屹立于世界民族之林并走近世界舞台中央之后应该怎么做的学说。中国作为后发国家，对自身突破传统世界格局与秩序的发展道路进行探索，就是对构建"持久和平、普遍安全、共同繁荣、开放包容、清洁美丽"的新世界格局作出的有效尝试和真正贡献，必将在世界历史上写下无比辉煌的篇章。

马克思主义
与中国道路

潘　维

北京大学国际关系学院教授。

一、马克思主义的永恒真理性与历史实践性

马克思主义具有永恒真理性，也具有历史实践性。我们要不断推进马克思主义中国化，我们不是原教旨主义者，不是教条主义者。

马克思对第二产业时代资本主义的批判值得我们仔细研究。第二产业取代第一产业在国民经济中的主导地位是从英国开始的，英国的工业革命始于18世纪并贯穿了18世纪；欧洲的工业革命始于19世纪并贯穿了19世纪。马克思撰写《共产党宣言》的时候是19世纪中期，他目睹了欧洲工业革命的开展，同时也目睹了制造业的蓬勃兴起，于是对那个时代的资本主义进行了批判。众所周知，马克思提出了一个著名的命题，就是生产资料的占有，并在撰写《资本

论》的时候提出了剩余价值的概念。其中有一点值得反思：为什么说所有商品都是等价交换，只有劳动力的交换是不等价的？为什么所有商品交换都是公平的，只有劳动力的交换是不公平的？针对这一问题，马克思起初并未给出明确且令人信服的说法，仅仅使用了买方市场的解释，即劳动力市场供给过剩导致劳动力贬值。

后来马克思意识到这个问题，他进一步发展了他的理论，说买方市场会终结，工人的劳动力的价格会提高——这一判断对于马克思所处的时代而言无疑是"天才的预见"。另外，马克思还给出了除买方市场外的第二个解释，他提出，是资产阶级专政，也就是资产阶级利用国家机器压迫工人，迫使其接受不平等交换。也正是由于工人没有得到他应得的那么多，剩余价值被资本家占有了，所以资本家越来越富，工人越来越穷。但是，这种解释也不能完全令人信服，因为我们看到有的时候政府是相当支持工人提高劳动价格的，还设立最低工资标准，提供社会福利。这些现象都不支持资本家利用国家机器压迫工人获得剩余价值的论述。

于是马克思在之后又给出了一个更有说服力的说法，得到广泛的接受和认同，就是"相对贫困化"理论。他认为资本家依靠国家机器压榨工人，或者工人劳动力供给过量而导致工人贫困可以称为"绝对贫困化"。但相对的贫困化与此不同，马克思在《工资劳动与资本》这部著作的开篇即提出：你知道为什么人们会感觉越来越穷吗？不是因为他们真的越来越穷，而是因为别人越来越富，进而产生了一种相对被剥夺感。他将基于对比而产生的贫困感称为"相对贫困化"。

"相对贫困化"的理论似乎是一种心理上的解释。但是它引出了马克思理论中的一个重要概念：阶级斗争，以及两大阶级划分、无产阶级专政这样的说法。他预言在资本主义社会里面，阶级斗争空前激烈，社会将会分化为两大阶级，一个叫无产阶级，一个叫资产阶级。如果我们实行无产阶级专政，教育工人相信社会主义不再相信私有制，那么我们就有可能迅速地实现社会主义、共产主义。

马克思对资本主义进行了深入批判，并对解决人类根本问题提供了一种社会主义方案。什么叫人类根本问题呢？马克思认为是人类对物质丰富的需求与生产的短缺之间的根本矛盾。人类生产跟不上人类的需求，所以人们要不断生产、不断创造、创新技术，使生活更舒适、更方便。这一点容易理解。而马克思的贡献在于，基于阶级、阶级斗争等概念对于短缺问题的论述。他敏锐地发现，在资本主义社会，随着制造业逐渐取代第一产业且处于国民经济的主导地位，物质产品极大丰富，越来越多地满足了人们的生活需要。但是，人们的短缺感并没有因此而减弱，反而空前强烈。为什么物质越丰富，我们的短缺感越强烈呢？他得出的结论是，在资本主义时代，人类的根本矛盾不是物质需求无法得到满足，而是公平分配无法得到实现，导致最后得不到平等的分配结果。所以人类的根本问题随着工业革命发生而改变，由短缺变成了不平等。那么要想解决不平等的问题，就要消灭私有制，包括消灭以私有制为基础的家庭，消灭一切统治者意识形态，消灭宗教、法律、国家机器等。

从某种意义上讲，马克思的这个方案是对人类根本问题的终极解决方案，改变了当前社会默认的一切基本法则，成为一种永恒。因为在任何可以预见的未来似乎都难以消灭私有制，消灭家庭、意识形态、宗教、国家等。所以，马克思就变成永恒的思想家了。

我们进而会问，如果把马克思的方案直接落地行不行？直接把他的思想转变成政策行不行？这就变成了当时很多人所要面对的问题。时至今日，我们已经看到了这个方案的局限性。这意味着，马克思的思想的永恒性及其作为实际操作的政策的局限性之间出现了矛盾。

那么，今天我们为什么说马克思的思想依然是指导我们的马克思主义呢？我想这恐怕是一个需要用历史唯物主义解释的问题。后人对马克思历史唯物主义进行了阶段划分：既然说人类最终要走向社会主义、共产主义，那么就可以把人类社会发展划分为原始社会、奴隶社会、封建社会、资本主义社会，经过社会主义社会的过渡而达到共产主义社会的"五种社会形态"。在今天看来，这五大阶段的划分存在一定的问题。比如说奴隶制社会，在欧洲曾实行非常典型的奴隶制度。但是我跟随考古学家去拉丁美洲考察，无论是南美的考古学家，还是欧洲的考古学家，抑或我们中国的考古学家，大家一致认为，无论是 2000 年前的南美洲印第安人的历史，还是一两万年前美洲人的历史，在西班牙人抵达美洲大陆之前没有任何证据证明他们实行的是奴隶制。反观中国，虽然奴隶制曾长期存在，但是奴隶制作为一种以奴隶为主要劳动力的基本社会制度，在中国是否存在过仍然存疑。或许找到奴隶的证据不难，但找到实行奴隶制的证据很难。所以，我们会去质疑类似"宿命论"的这种历史阶段划分。

二、思想路线、政治路线和组织路线

很多人主张制度是良治善政的基础和前提，进而提出"改变了制度就改变了所有、有了好制度就有了一切"的观点。这是西方人讲给我们听的故事。针对这种情况我想说一点，北大的第一任校长是严复，他在《宪法大义》中提出：制无美恶，期于适时；变无迟速，要在当可。如果把制度当作政治结果的唯一重要原因，拒绝探究制度的社会起源和条件，就会产生制度迷信。是否迷信制度便体现出历史唯心主义和历史唯物主义的区别，前者认为政治体制决定生产和生活方式的演化，后者认为生产和生活方式决定政治体制的演化，两者是完全相反的因果逻辑。在这一点上，我尤其是马克思主义的坚定拥护者。原因在于，制度不是"永动机"——如果仅通过制定制度就可以高枕无忧，复杂的问题就自动得到解决，制度岂不就相当于变成"永动机"了吗？制度不能自动保障国家的兴旺。所以，政权长寿是科学的说法，但是政权长生不老则是迷信的说法，只要是人领导的国家就不可能逃脱"由俭入奢易，由奢入俭难"的规律，所以由人领导的政权就必有兴衰循环。连宇宙都不可能永远，何况人？何况由人制定、由人执行的制度？所以，大家应转变一个基本观念：活人很容易绕过死制度，人心坏了，什么制度都不顶用。

另外，制度决定论往往能够掩盖政策的失误，政策错了就归咎于制度不好是不对的。难道好的制度下就不会犯错，就不会出事吗？也会。所以，从比较的眼光来看这个世界是很重要的。那么，治国不能仅靠死制度，应该靠什么？我认为应该靠四条：第一，出色的大政方针；第二，统一的思想路线；第三，明确的政治路线；第四，严谨的组织路线。或者更简单地说，可以归纳成两条：第一，出色的思想；第二，出色的干部路线。这一点我们深有感触：从中国共产党的革命时代一直到改革开放时代，思想路线变了，组织路线也就跟着变。

政府的体制是一个权力体制，权力是对别人的支配，它基于四个要素：暴力、财富、人格、观念。在全世界范围内，支配别人靠什么？第一种，拿枪逼着你做你就做了，这就是暴力。第二种，拿钱收买你做你就做了，这就是财富。第三种是人格，就是令人心甘情愿被支配的魅力。第四种是观念，一种应该做什么、不应该做什么的意识。

与这四种权力相对应，政府治理社会的方式也可以划分为四种。第一，执法，以暴力为基础的执法来维持社会的基本秩序。第二，通过代表强大社会集团的利益来稳定社会大局，谁强大代表谁，强大的肯定是多数。第三，通过领导人对社会整体的责任感来平衡利益，包括部分与整体的利益、眼下和将来的利益、变还是不变的利益等。第四，通过宣扬社会的核心价值观来凝聚财富、地位相异的阶层，把社会成员的观念统一于一体。

总而言之，制度很重要，但不是绝对意义上的决定性因素。实际上，制度的好与坏是相对的，好制度也不一定保证政权的长久。

美国的宪法制度是精心设计的，从立国以来就被很多人视作典范，但是美国立宪80年后，在1860—1864年打了一场内战。或许有人说美国内战没有多大规模，但是如果按死亡人口占总人口的比例计算，19世纪死亡率最高的就是美国内战。所以说制度不能决定一切，况且今天美国也在衰落，这是不争的事实。中国也有好制度，如秦朝的郡县制，它规定各地的地方官、郡县官员皆由中央委任，不可世袭。郡县制在全国实行，理论上可以有效保障中央大一统政权,但它无法保证秦朝"至万世"。隋朝的科举制也被认为是好制度,它给了寒门子弟当官的机会,打开了跨越阶级的纵向流动通道。但是科举制也无法为隋朝"续命"。民国时期设计了一套宪政制度,明确规定政府能做什么,不能做什么,哪个机构做什么,哪个机构做另外一些事,并且实施分权制衡。这个制度被认为是好制度,但是它同样不是万能的。

因此,好制度不一定能保证政权的长寿,能够保证政权长寿的是之前提到的四点:出色的大政方针、统一的思想路线、明确的政治路线和严谨的组织路线。

三、对"社稷民本体制"的传承与超越

我们的制度主要包括社会组织体制、政治组织体制和经济组织体制。中华民族的体制可称为"社稷民本体制","社稷民本体制"对应的是西方的自由民主体制,其中自由讲的是社会条件,民主说的是政治体制。我说的社稷是社会体制,民本是政府体制。那

么两者的区别是什么？由于社会是政治的基础，所以首先谈一谈社会，也就是社稷。社会为何被称为"社稷"？因为组成社会的基本单位是家庭而不是个人。我们的社会组织方式是血缘社区而不是阶级组织，在一个自然村里生活的都是一家人，或者都有血亲关系，大家互助自治，这就是儒家所谓的小康社会。血缘社区不同于阶级社区，不分上、中、下阶级。社会的纽带是什么？在西方是法律，神与人之间的关系构成了法律的尊崇地位。所以，法律一开始叫神圣法，然后叫自然法，也就是自然规律，暗含的意思是神定的法律与自然的规律都是不可更改的。而在中国是家庭伦理。社会跟政府是什么关系呢？是相互嵌入的关系。所谓嵌入，指的是两者之间界限不清，你中有我，我中有你，政府和社会不是两分的，这与西方国家明显不同。在这样的基础上，形成了民本政治。什么是民本政治？它指的是由于社会不分阶级，执政者变成了一个专业的执政集团，是由科举考试选拔出来的，而不是作为利益集团的代表推选出来的。民本政治不是代表政治，并非一个政党代表一个社会的阶级或阶层。

在思想上，无论官民都信奉民本主义。什么叫民本主义？民本就是以民为本，它所蕴含的意思就是政府为何而存在，应该是为了全体百姓的福祉。同理，政府为什么会更替？因为得民心者得天心，失民心者失天下，这就是一套民本的法律系统。组织上我们采用的是考绩制，但并没有严格执行。而有原则的考绩制和没原则的考绩制是不一样的，原则的存在与否极其重要。最后一点，西方是政党代表制，各个阶级与代表各个阶级利益的政党相对应，各个政党之间分权制衡。中国没有那么多执政党，所以就按职能分工。

这样一套具有中华民族特色的体制，在2000多年来一脉相承，没有重大变化。例如，中国共产党强调的为人民服务，代表最广大人民的根本利益，其实就是对民本主义的传承和超越，其组织原则仍然是采取考绩制。

当然，中华民族的"社稷民本体制"只是作为一种基本制度反复出现在我们这块土地上，在治国理政中发挥实际作用的机制是实事求是，是政绩竞争。领导都是考绩制"考"出来的,在自己职责范围内做出成绩,从与别人的竞争中胜出,就能获得提拔。这个制度中蕴含着一种"有容乃大"的包容。这也是为什么我们能够形成大一统的政权,这一点非常重要。欧洲人过去觉得欧洲是世界文明的中心得益于"小国寡民",但现在也在追求自己的"大一统"(欧盟)。第二次世界大战以后的强国都是大国,但欧洲(不包括苏联/俄罗斯)一个人口上亿的国家都没有。所以,他们希望团结在一起,追求一个"大一统"的联盟。

那么,中国为何可以在思想上、组织上实现一统,化解南北差异、东西差异,进而在人口和国土面积上实现"大"?原因在于四个字——"有容乃大"。因为包容了不同,所以可以实现广大和强大。"一国两制"是邓小平的伟大构想,但实际上它也是一种思想传承,"一国多制"在中国历史上屡见不鲜。有容乃大同时意味着宽容,一旦遇到矛盾和分歧,我们的政治不是"数人头",也不是"砍人头",而是"商量的政治"。我认为,商量的核心在于凝聚人心。所以中国的大一统关键在"大",而"大"的关键是因为有"容",有容乃大。

此外,中国基层政权的哲学叫作"以小为大,以下为上"。俗语说"人往高处走,水往低处流",但是老子说"上善若水",执政者要往下走,深入群众、"接地气",才叫"上善若水"。中国共产党就是靠"往下走"获得了基层动员能力。所以,中国革命主要靠什么?第一,统一战线;第二,党的建设;第三,武装斗争。到了今天,人民的美好生活是在其居住的社区里面实现的。如果党组织在社区缺位,在村里缺位,那么其他力量可能就补上去了。所以,我们不能在一个社区里丢掉治国理政的权力。

以上就是治国理政的两个关键机制:第一,有容乃大;第二,以小为大,以下为上。

四、中国特色现代化之路

"社稷民本体制"带有中国传统的烙印且延续至

今，同时，我们在借鉴外国、反复比较、不断探索中走向了现代中国。

现代化指的是什么？主要是生活方式的转变，也就是第二产业对第一产业的替代。第一产业与第二产业的重大区别在于财富的巨量增长。反观欧洲的现代化过程，欧洲在过去由宗教统治，依靠习惯法来治理，基于血缘的、地域的经验，然后推行了市场化，市场化以后就有了理性，精确计算成本和收益。精确计算成本和收益的市场理性衍生出欺诈行为，为了惩罚欺诈行为就制定并执行法律，于是产生了法制。法制化、官僚制导致公务员的去人格化和官员的傲慢，因此就促进了政治市场化、理性化，拍卖政权，出价高者得之。例如，为了争取农民的选票，张三可能承诺给农民发放养老金，李四可能承诺给农民全额医疗保险。通过市场化的选举，争取大多数人的支持。西方称拍卖政权（政治市场化）为民主化。所以，西方的现代化就是去宗教化、理性化、法制化、民主化，这是欧洲人的经验。

而马克思认为，西方现代化的本质就是资本主义剥削工人。列宁提出，世界资本主义体系压迫那些被压迫民族，所以只要搞资本主义，被压迫的人就没希望。马克思说全世界无产者联合起来，列宁说全世界无产者和被压迫民族都联合起来，这就形成了另外一套体系。

苏联是第一个把马克思的思想落地付诸实践的国家。它作为全世界国土面积最大的国家，以及拥有近3亿国民的人口大国，进行了消灭阶级的尝试，建立了苏维埃制度。在苏维埃制度下，执政党不是代表各个阶级的，因为社会已经不存在阶级了。它负责的是管理所有生产资料，以及计划所有生产资料甚至分配生活资料。这么一来，所有人都享受了相同的福利，享受从出生一直到坟墓的福利。这对于资本主义国家的人民而言既新鲜又吸引人：个人的事、家庭的事，国家全负责，既没有失业也没有乞丐，大家都平等，从生产资料的数量到生活资料的数量都一致。苏联共产党一方面在思想上灌输大家要相信公有制，另一方面又在现实当中给了大家福利，所以一度赢得了人民的信任。

但是久而久之就暴露出问题，因为这个制度遏制了个性：有人想要自由，想当个体户，有人想通过个人奋斗出人头地——这种机会在这种制度下是没有的。所以，苏联走到失去民心的地步时才意识到，生活资料的生产没法计划，因为生活资料的需求是生产者创造出来的，而生产者有这种积极性去创造对于生活资料的需求。

然后，我们看到关于现代化道路的持续争论。从晚清到民国，很多人都在思考，中国应该走什么样的现代化道路。我们一开始强调"中学为体，西学为用"，强调我们的制度优越，比别人的制度强。而我们技术不强、枪炮不行，西方技术好、枪炮强，所以拿钱买技术，学习技术就可以了，但是这种路线失败了。接着有人提出，我们积贫积弱是因为教育不行，光靠买技术、学技术不行，必须得自己懂科技、自己造设备。于是有了教育救国的路线，但是也失败了。然后又有人提出，我们是语言文字不行，语言文字决定了思维方式，我们使用最古老的象形文字，而西方使用现代文字，所以我们应该走向拼音化。同样作为现代化进程一部分的还包括鲁迅对国民性的批判，柏杨提出的"酱缸文化"，认为中国人具有劣根性。

在无数次"试错"之后，中国共产党开启了革命，这同时也是马克思主义中国化的过程。在中国共产党成立之初，我们计划照搬苏俄模式，也要搞阶级斗争，认为搞阶级斗争才是共产主义。但是秋收起义后，毛泽东通过实践逐渐加深对马克思主义的理解。根据之前对于中国社会的考察（《湖南农民运动考察报告》《中国社会各阶级分析》等），毛泽东发现马克思主义的理论框架并不完全适用于中国。

例如，马克思将社会划分为两个阶级，资产阶级和无产阶级。但毛泽东认为中国至少得分 10 个阶级才符合实际。后来到了延安时期，毛泽东将阶级分析改成阶层分析，认为阶级没那么多，但是阶层存在很多，又按照立场对阶层进行了重新划分。之后他得出很重要的概念：民族资产阶级和官僚买办阶级。例如，陈嘉庚——抗战时期的华人世界首富之一，他显然属于买办阶级。上海纺织业的荣家也属于买办阶级——从外国人那里进口机器，进口原材料，然后加工出产品卖给中国市场。

但因为他跟着共产党走，坚持共产主义立场，所以就被划分为民族资产阶级。这种不使用生产资料而使用政治立场划分阶层的方法，就是中国共产党人的发明，就是马克思主义中国化。

生产资料所有制在中国也发生了变化。在西方2000多年来一直存在上、中、下阶级，甚至有习惯法和成文法来规定阶级的特权和利益，但中国没有。现在进入第三产业时代，中国模糊的阶级划分反而成为一种优势，无论是组织程度低，还是阶级划分不清晰，都更适用于第三产业占主导地位的社会。所以，中国共产党通过马克思主义中国化，而并非对马克思的思想和理论的教条执行取得成功。相反，教条主义、原教旨主义则纷纷失败。马克思提出，资本主义成熟之后才会发生革命，社会形成两个阶级对立的时候才可能发生革命，制造业占经济主导地位的时候才可能发生革命。但是中国革命发生时，第一，制造业不发达；第二，资产阶级与工人阶级规模很小，甚至连上海都没有多少工人；第三，离资本主义成熟还差得远。中国革命依靠的是农民，打土豪分田地，这既不是马克思主义方案也不是列宁主义方案,而是穷人反对帝国主义的方案:帝国主义、封建主义、官僚资本主义"三座大山"逼着农民发动起义。同时,仅依靠贫苦农民也不行,还得统一战线,把有知识、有学问、有钱的人联合起来。所以,中国共产党取得革命胜利以后,分了"半壁江山"给民主党派。因为他们贡献大。中国共产党仅仅依靠穷苦农民和数量不多的工人无法形成牢固的执政基础,必须联合执政。

除了依靠统一战线,我们还接受了列宁的思想:组织一个坚强的共产党,执行严格的纪律。依靠严明的纪律和强有力的组织,中国共产党可以发动武装斗争,可以对基层进行动员,实现"以小为大,以下为上"。接下来我们经历了社会主义革命。在社会主义革命期间国际环境发生了巨大变化,变化在哪儿?在于苏联对华态度的转变:苏联在当时如日中天,但是我们逐渐感到苏联开始欺负我们了。然后,我们期望变成一个社会主义国家——跟苏联一样强大的社会主义国家。同样推行了土地改革,搞公私合营、人民公社,发展国营经济等。但是,做完之后我们发现这条路似乎行不通,苏联可以把阶级都消灭，把所有制都消灭，但是我们消灭不了，我们国家没办法把所有的事都管起来，没有能力都搞计划。既没那么有钱，也没那么多资源。我们与苏联的基础条件有很大差距。但这种差距同时也使得我们改革实行得很容易，"船小好掉头"，一下子就改了。另外，没有变成苏联也让我们的开放变得容易。

在这里需要纠正一个说法，与开放相对的是封闭，我们过去封闭并非主动封闭，而是别人封锁我们。在计划经济时期邓小平就已经开始强调开放。例如，中苏关系良好的时候，我们就向苏联开放，向苏联学习先进技术、派遣留学生。之后就是改革开放的40多年，也是中国融入世界体系的40多年。融入世界体系的首个标志就是我国的农民从土地上解放出来，开始做各种各样的生意，出现了著名的"万元户"。再之后制造业兴旺，又开始向服务业转型。在感受到来自美国的压力之后，我们开始向技术强国的方向努力。

几十年走过来，我们看见市场化的成就，尤其是最近20年，或者是最近25年，中国经历了一个经济高速增长的过程。所以，中华人民共和国走到今天，70多年来，走过的路从来都不平坦，可以说年年都有障碍，代代都有困难。到改革开放 30 年的时候，我们仍有很多问题没有解决，包括贫富差距、城乡差距、地域差距，在解决这些问题上我们付出了巨大的努力。过往 10 年几乎使用了国家财政的一半做转移支付——这是世界历史上最大规模的财富转移，从富裕地区向贫困地区的财富转移。将 10 年财政收入的一半用在转移支付上，难道不是社会主义？这期间，政府资助建造农村新村，进行城市危旧房改造，建设了 5000 万套新房，按每套房子住 3 人算，解决了 1.5 亿贫困人口的住房问题，这相当于美国人口的一半，让穷人住上新房子，难道不是社会主义？在那 10 年间，政府将全国人民纳入医疗保险，包括农村。这件事有 10 亿人口的发达国家做到了吗？有 3 亿多人口的美国都没做到。当然现在我们的医保水平还很低，但是真正做到了。所以说，中国是实打实的社会主义国家。

党的十九大报告提出，我们目前面临两个基本矛盾，其中一个是我们的发展不充分。什么叫发展不充分呢？简单地说就是我们还不是很富裕。另一个就是发展不平衡的问题。有人富裕，有人贫穷；有人走在前面，有人落在后头。

在这种情况下就会有人反思，对接下来要走的路产生彷徨：觉得美国那样走得快，觉得日本走得似乎更稳一点，还觉得北欧国家走的路也令人羡慕。另外还得考虑，经济生活可以市场化，社会可以市场化吗？如果全面市场化之后会发生什么？经验告诉我们，普通的欠发达国家全都是全面市场化，所以如果全面市场化，我们就可能走上了一条通往普通欠发达国家的道路。我们之前走过的那条路就都被否定了。因此，我们应该实事求是，稳中求变。但是随着反腐败力度加强，政策上准备有所变化的时候，又发现我们遇到了新问题：有些干部不作为、缺担当。解决这个问题的方法是什么？回到我们之前"以小为大，以下为上"的策略，从基层开始，获得人民的支持——这可能才是一条特别正确的道路。

总之，新中国走过的现代化道路不平坦，我们走的既不是欧洲人走过的路，也不是日本人走过的路，更不是美国人走过的路,而是中国特色社会主义道路。如此大体量的一个国家由积贫积弱走向强盛,走向进步,走向世界高峰,这件事没有先例。所以说,前边根本就没路,路是我们自己一点一点走出来的。只有一点是历史能够告诉我们的,那就是要相信群众,相信党,没有共产党是不行的,没有人民群众是不行的,这也是毛泽东探索和传授给我们的智慧,这是两条根本的原理。除此之外,信仰社会主义,继续走社会福利均等化的道路,就会继续得到人民群众的支持。所以,研究习近平新时代中国特色社会主义思想,最重要的一点是研究以人民为中心的发展思想。

中国经济学创新的立足点

林毅夫

十四届全国政协常委、经济委员会副主任,北京大学新结构经济学研究院院长、国家发展研究院名誉院长、教授。

一、中国经济学理论创新的立足点

中国经济学的理论创新要立足中国的实践经验,运用好马克思历史唯物主义的基本原理和现代经济学的研究范式。首先,新的理论来自新的现象,中国改革开放取得的成绩是人类经济史上不曾有过的奇迹,这是理论创新的金矿。其次,马克思历史唯物主义揭示了人类社会发展的规律,提出了"经济基础决定上层建筑,上层建筑反作用于经济基础"的基本原理。发展中国家的经济基础不同于发达国家,因此上层建筑的各种制度安排和政策措施应该也不一样。在经济学研究上,以揭示人类社会发展规律的马克思主义为指导,运用现代经济学通用的范式来研究中国现实的问题是推动中国经济学理论创新、提升中国话语权的关键。

以马克思历史唯物主义为指导，并使用西方现代经济学的范式来研究在中国目前发展和转型阶段所遇到的问题是推动马克思主义在中国创新和发展的重要方法。马克思在其著作中分析了经济基础如何影响上层建筑，以及上层建筑如何反作用于经济基础，但是马克思没有进一步讨论作为经济基础的生产力和生产关系在现代经济中是由何种因素决定的。所以，我提出了要素禀赋结构决定具有比较优势的产业，进而决定生产力水平和生产关系的观点。可以说，这是对马克思历史唯物主义在分析现代经济问题上的一个拓展和创新。

在 20 世纪八九十年代我们进入改革开放第二个阶段的时候，国际主流观点的新自由主义认为，经济要发展得好，就应该由市场来配置资源，才会改善资源配置的效率，才能够消除腐败和收入分配差距的根源。

根据新自由主义后来形成的华盛顿共识认为，发展中国家改革的主要内容有三点。

第一，要市场化，由市场来配置资源。怎样才能由市场来配置资源呢？价格必须由市场的供给和需求的竞争来形成，然后由价格来引导资源的配置。如果说某种产品供不应求，价格就应该高。哪里供不应求就代表那个地方的资源配置效率会比较高，如果价格高，资源就会往那个产业去配置，供给就会增加，然后价格就能够平衡。反过来讲，如果某种产品的价格下降了，代表供大于求，这种情况之下，资源应该退出那个产业，把退出来的资源配置到价格上涨的产业。当时发展中国家，大部分的价格由政府决定。所以改革的第一个目标是市场化，价格由市场的供给和需求决定，政府不应该干预价格的形成。从市场配置资源的必要制度安排来讲，这点好像很清晰，也很有说服力。

第二，要私有化。因为发展中国家，不管是社会主义还是非社会主义，在结构主义的进口替代时期，在计划经济时期，大部分的产业尤其是关键性的产业都属于国有，不仅在中国这样，在非洲、南亚、拉丁美洲国家也是这样。当时大家的看法是，如果一个企业属于国有，那对价格信号就不敏感。因为国有企业亏损了会有政府的补贴，赚的钱也都交给国家，投入品价格高了，企业没有积极性去节约成本，生产的产品价格高了，也没有积极性去多生产、多赚钱。所以，在这种情况之下，引导资源配置还有个制度前提，除了由市场供给和需求的市场化来决定价格之外，还必须推行私有化，否则市场无法对资源进行有效配置。

第三，要稳定化。因为如果在市场经济中出现高通货膨胀，将会扭曲企业和消费者的行为。价格上涨过快，出现通货膨胀，消费者就去抢购，突然间需求会增加很多。同时，企业看到生产的产品价格不断提高，就会囤积居奇，所以，在有通货膨胀预期时，需求会增加很多，供给会减少很多，导致价格更上涨。价格更上涨，就更强化这样的行为。在这种状况之下，价格也会失掉配置资源的功能。要稳定物价财政就必须平衡，否则财政赤字增加后必然增发货币来弥补财政之不足，导致物价上涨通货膨胀。过去财政为什么不平衡，因为老是要给国有企业补贴，所以后来为了财政平衡，对企业就不应该给予补贴。这就是要私有化的原因。总之，这套理论在逻辑上非常严谨，很有说服力。在20世纪八九十年代，当时整个经济学界有一个共识，就是经济转型要想成功，必须通过前面所讲的价格由市场来决定的市场化、产权明晰的私有化，以及政府停止补贴平衡预算的稳定化，这"三化"必须同时推行，而且必须用"休克疗法"一次性解决。

二、渐进式双轨与"休克疗法"

1978年底我国开始的改革，并没有按照这个共识来进行，我们推行的是一种"老人老办法，新人新办法"的渐进式双轨做法。对原来的国有企业，我们没有私有化，只抓大放小，把小型国有企业私有化，大型国有企业基本上都还属于国有。不仅国有，还继续给予保护补贴。同时，对于传统上受到抑制的一些劳动密集型加工业，放开准入，而且还积极因势利导，招商引资，建立了工业园、开发区以改善基础设施，设立一站式服务等以降低交易费用。我们当时走的是渐进式双轨。

当时按照主流学界的看法，这是最糟糕的转型方式。当时的看法是计划经济不如市场经济，所以才会从计划经济、政府主导的经济向市场经济转型。他们认为如果真要转型，就必须让市场经济最起码的三个制度安排同时到位。如果像中国既保留政府干预，又放开市场，就是最糟糕的方式，而且会比原来的计划经济更糟糕。因为会出现政府对价格干预所形成的低价，跟市场价格之间有一个价差，经济上叫"租"，就有人去寻租套利，把计划的东西倒出来转手可以获得巨大的利润，造成腐败和收入分配差距的问题。

虽然我们当时推行的就是这种被认为是最糟糕的渐进双轨转型方式，但实践中，中国在这个过程中获得了稳定和快速发展。发展速度可以说是人类经济史上不曾有过的，过去 40 多年平均每年增长 9.4%，持续了 40 多年，中国从贫穷落后发展到经济水平中等偏上，2018 年人均 GDP 达到 9780 美元，现在按照市场汇率计算是世界第二大经济体。1978 年我们出口的产品75%是农产品或农产品加工品，到现在出口的产品95%以上是制造业产品，这是一个巨大的变化。同期，其他发展中国家和社会主义国家普遍按照国际主流的新自由主义的"休克疗法"来进行，经济普遍出现了崩溃、停滞，危机不断。这些国家的平均增长率比转型之前的20世纪60年代、70年代还低，危机发生的频率比60年代、70年代更高。所以，有些经济学家就把20世纪80年代、90年代称为发展中国家"迷失的20年"。他们不仅没有我国的稳定和快速发展，而且我国在渐进双轨改革中出现的腐败和收入分配的问题，在其他转型中国家也普遍存在甚至更严重。

第一次世界大战以后，绝大多数发展中国家都是按照当时国际上主流的结构主义的发展经济学理论，作为政策的指导，认为存在市场失灵，就以政府主导去发展先进的产业。这并不是市场失灵，实际上是这些产业不符合这些国家的比较优势。我们知道发达国家在工业革命以后，经过两三百年的发展，资本大量积累，在发达国家资本是相对丰富的，劳动力是相对短缺的。劳动力价格相对高,资本相对便宜,它在生产当中必然要多用资本替代劳动,这样的技术是资本密集型技术。进入能多用资本替代劳动的产业,这样的产业是资本密集型产业。如果不这样做,发达国家想发展劳动密集型产业,成本会太高,没有竞争力,肯定就发展不起来。所以,这些发达国家只有在资本很密集、技术很先进的产业有比较优势,才能形成竞争优势。反过来讲,发展中国家普遍的情形正好相反,不是自然资源相对丰富,就是劳动力相对丰富,资本极端短缺,资本价格高。在资本密集型产业最重要的成本是资本的成本,在发展中国家如果资本的成本按照市场来决定会非常高,生产成本就太高,这种产业在开放市场的竞争当中就活不了,就不能发展起来。所以说,在发展中国家资本密集型产业发展不起来,实际上并不是市场失灵,而是由其禀赋条件决定的。在这种状况之下,认为是市场失灵,然后就用国家强势的资源动员来发展这种资本密集型产业,是"拔苗助长"。政府强力动员资源、配置资源,把这个产业建立起来,产业技术水平看起来很高,但是,在市场经济当中，在国际竞争中，成本一定会太高，没有保护补贴就活不了。而且，一个国家能动员的资源总是有限的，靠政府强力动员可以把这些产业建立起来，但是要不断地给予保护补贴，保护补贴总会有尽头的时候，经济就逐渐停滞了，危机就来了。

许多发展中国家推行"休克疗法"，效果并不好。"休克疗法"忽视了当时各种扭曲的存在是有其内在道理这个事实。用经济学家的话讲，它是内生的。转型前建立的产业资本是密集的，是违反比较优势的。如果把存在的保护补贴一次性取消会有什么后果？大量企业就会破产，破产以后有两个结果是不可接受的。第一点，没有社会稳定、政治稳定，那怎么发展经济？第二点，当中有很多产业是跟国防安全有关的。没有这个产业就没有国防安全。乌克兰当时完全按照"休克疗法"，本来可以生产航空母舰、大飞机、原子弹等。在转型的时候按照"休克疗法"，政府不能给补贴，这些国防产业经营不下去，导致的结果是无法保障国防安全。

我在20世纪90年代提出一个概念，叫"政策性负担"。这些国有企业有政策性负担，包括两种类型：一种是社会性政策负担，就是在计划经济时期，投资很多，但都是在资本很密集的产业，能够创造的就业机会非常少。但是政府要承担城里年轻人的就业，因此，一个萝卜应该放一个坑，结果三个萝卜放一个坑，出现了大量的冗员，我称这种负担为社会性政策负担。另外一种是所发展的行业资本非常密集，不符合比较优势，企业没有自生能力，在市场经济中本来应该建立不起来。但是，为了国防安全的需要把它建立起来，这是战略上的需要，所以我把它称为战略性政策负担。有政策性负担，就会有政策性亏损，政策性亏损谁该负责？当然是政府负责。所以要给保护补贴。当然，政策性负担到底有多少，在没有市场竞争的状况之下政府很难看清楚，这是因为存在信息不对称的问题。企业可以用政策性负担作为借口，有亏损时，就说政府的保护补贴不够，政府难以拒绝，就只能给予更多的保护补贴，这就形成了预算的约束。

还有一个值得研究的问题是在国有的时候给的保护补贴多，还是私有的时候给的保护补贴多？按照产权理论，私有化就不用给保护补贴了。可是按照我前面讲的政策性负担的理论推断，私有化以后企业会有更大的积极性要保护补贴，而且会比在国有的时候多。因为私有化以后，保护补贴越多，私企老板把得到的保护补贴作为个人收入，有更大的积极性去向政府寻租。这种现象其实在苏联、东欧、拉丁美洲、非洲国家的转型中已大量出现。结果效率反而更低，腐败现象、收入分配差距的问题更严重。虽然渐进双轨的转型从当时的理论来看是最糟糕的模式，但是理解这种扭曲是内生的，就知道有其存在的合理性。一方面，通过继续给这些老的国有企业保护补贴以维持稳定；另一方面，通过新人新办法，在稳定的前提下，让符合比较优势的产业快速发展起来，这样能够实现稳定和快速发展。而且，随着经济快速发展和资本的积累，原来不符合比较优势的产业变得符合比较优势，保护补贴从"雪中送炭"变成"锦上添花"，保护补贴失去了存在的理由，这种转型方式也给消除转型当中的扭曲创造了条件。所以，渐进双轨是符合实际比较好的转型方式，不管是从理论上还是经验上来看都是这样。

总的来讲，现代经济学在认识发展中、转型中国家的结构调整理论上好像很有力量，但是在改造发展中、转型中国家方面却显得苍白无力。最主要的原因是现代经济学的理论来自发达国家，总结自发达国家的经验，自觉不自觉地把发达国家的发展阶段作为前提，产业和制度作为最优的。只要与它不一样，就认为是扭曲的，需要改造的。这一点值得反思。比如说，从发展来讲，我们看到发达国家产业非常先进，生产力水平非常高，看到发展中国家产业通常是传统农业或者资源型产业，生产力水平低。但是，我们没有认识到产业结构的内生性，没有认识到这个产业结构是由于不同发展阶段，其禀赋结构所决定的比较优势不一样形成的。如果没有认识到这种结构的内生性，而是很简单地把发达国家当时的生产方式、生产力当作我们应该直接学习、发展的目标，在转型上没有认识到各种扭曲的内生性，就会导致很多好心干坏事的情形出现。

不仅在发展和转型上是这样，在经济运行上，如果对发展阶段结构差异的内生性没有足够的认识，那么形成的理论也经常会好心干坏事。举个例子，经济中金融至关重要，金融就像血液，金融应该服务于实体经济。但是，现代金融经济学讨论的所谓现代金融，指的大多是股票市场、风险投资、大银行、公司债、金融工程、金融创新，这些金融安排适合发达国家，但未必符合发展中国家实体经济的需要。这是因为发达国家的产业和技术在世界的最前沿，资本投入大，如果要继续发展，新的技术、新的产业必须自己发明，发明的投入和风险都非常大。为这样的实体经济服务的金融安排要能够动员大量的资本和分散风险。股票市场、风险资本、大银行、公司债很适合这样的发展阶段的实体经济的需要。但是，发展中国家70%、80%，甚至90%的生产活动发生在制造业和服务业。所需要的资本普遍不大，所用的技术一般是成熟的技术，生产的产品一般是成熟的产品，风险主要是这些经营者、企业家是否有经营能力、是否可靠，股票市场、风险资本、大银行、公司债是不合适的，是不能满足实体经济的需要的。简单照搬西方那套理论会让我们失去发展和转型中的机遇和挑战。

三、历史唯物主义视域下的新结构经济学

西方主流经济学基本上都是总结自发达国家的经验，把发达国家的阶段作为暗含的前提，忽视了发展中国家和发达国家发展阶段和结构的差异性。发展中国家需要有总结自发展中国家经验的理论，我提倡的新结构经济学就是基于这个认识的一个努力。新结构经济学是以马克思历史唯物主义为指导，运用现代经济学的方法，研究在经济发展过程中结构和结构变迁的决定性因素及其影响。内容包含发展，怎么样从一个生产力水平比较低的结构转变成一个生产力水平比较高的结构的发展问题；也包含转型，也就是说从一个有很多扭曲的结构转变成一个没有扭曲的结构；同时包含经济运行，不同发展阶段经济有效运行的规律和方式。比如说，经济发展有赖于生产力水平不断提高，技术必须不断创新，产业必须不断升级，对发

达国家来讲，其技术、产业在世界最前沿，技术创新、产业升级必须自己实现。所以，对于发达国家而言，创新等于发明。发展中国家有些产业可能已经处于世界最前沿，对于这些产业创新也需要自身技术发明，但是更多的产业是在世界前沿之内，对于这些产业技术创新可以靠引进、消化、吸收。产业升级也是一样，可以进入附加值比现在高的成熟产业来实现。所以，创新对于不同发展程度的国家可以有不同的方式。

按现代经济学的命名原则，用现代经济学的方法来研究结构和结构变迁的决定因素及其影响，应该取名为"结构经济学"。因为用现代经济学的方式来研究金融叫金融经济学，研究农业叫农业经济学，研究劳动力市场叫劳动经济学，既然用现代经济学的方法来研究结构和结构变迁，理应叫结构经济学。那为什么叫新结构经济学？因为发展经济学的第一代是结构主义，为了以中国发展经验来区别于结构主义，所以叫新结构经济学，这在现代经济学上也是一个惯例。例如，新制度经济学是用现代经济学的方法来研究制度和制度变迁，为了区别于 19 世纪末 20 世纪初的制度学派，所以称为新制度经济学。新结构经济学的"新"是为了区分原来的结构主义。

新结构经济学是历史唯物主义基本思想在研究现代经济问题上的体现。历史唯物主义的基本原理是经济基础决定上层建筑，上层建筑反作用于经济基础。经济基础是由生产力和生产力所决定的生产关系共同构成的。生产力到底由什么决定？从新结构经济学的角度来看实际上跟一个经济体的主要产业有关，如果这个经济体的主要产业是土地和劳动力都密集的传统农业，或者是劳动力很密集的轻加工业，这样的产业生产力水平低。这样的产业不仅生产力水平低，而且也决定了资本和劳动的关系。首先，这样的产业资本使用得非常少，雇用的劳动力非常多，劳动者的收入水平非常低，在温饱线上挣扎，资本拥有者比较富有，在资本和劳动的关系中就有比较大的影响力；反之，如果一个经济体的主要产业是资本密集型的，这样的产业生产力水平高，而且资本密集型产业当中资本使用非常多，劳动力相对少，使用的劳动力通常需要高人力资本，其收入水平高，自我保障能力强，资本家对劳动者的控制是较弱的。

但是，是什么因素决定一个国家以劳动力密集的产业或以资本密集的产业为其主要产业？答案是在不同发展程度国家的要素禀赋和结构不一样。落后的国家大多自然资源或劳动力相对多、资本相对短缺，具有比较优势的产业不是资源相对密集的产业就是劳动力相对密集的产业，生产力水平低，劳动和资本的关系就像前面讨论的；反之，到了比较高的发展阶段，资本积累多了，劳动力变得相对短缺，具有比较优势的产业是资本密集型产业，生产力水平高，劳动和资本的关系也如前所述。新结构经济学就是以一个经济体在每个时点给定的要素禀赋结构作为分析的切入点，来研究处于不同发展阶段的国家作为经济基础决定生产力水平的产业和技术的决定因素，以及作为上层建筑影响交易费用的各种制度安排如何决定于作为经济基础的产业和技术。

我把中国目前的产业分成几种类型：第一类是追赶型产业，我们国家有，发达国家也有。但是，我国产品的技术水平比较低，质量比较差。比如，同样一台机器设备，发达国家卖 500 万美元，我们只能卖 100 万美元。我们还在追赶。第二类是领先型产业，发达国家基本已经退出，我们这个产业在国际上已经是领先的。比如，家电产业，华为的手机，基本上在国际上是领先的。第三类是转进型产业，过去我们有比较优势，如劳动密集型加工业，但是随着资本积累，工资水平上升，我国已经失掉比较优势。第四类是换道超车型产业，这个产业有个特性，就是它是新的，产品周期特别短，可能一年、一年半就是一个新产品周期。这种产业以人力资本的投入为主，我们跟发达国家比较起来没有什么劣势，可以直接竞争。第五类是战略型产业。它的特性跟第四类正好相反，产品的研发周期特别长，需要高人力资本，同样要高金融和物质资本。比如，有些核心芯片的研发周期就特别长。这类产业包含两类，一类是战略性新兴产业，技术很先进，研发周期长，但是方向很明确，如果我们现在不研发，将来主要技术都被国外占领了，我们要进入就会有各种障碍，甚至会影响到我们的经济安全；另外一类是和国防安全有关的，如新型导弹、新型飞机、航空母舰，研发周期一般是二三十年或更长，但是不研发就没有国防安全。

这几类产业，特性不一样，市场失灵的地方不一样，需要政府因势利导的地方也不一样。如追赶型产业，怎么克服引进新技术、吸收新技术的障碍，这里通常不需要补贴，但是应该在职工的技能教育、金融方面创造条件。对于第二类，技术已经在世界的前沿，市场的发展前景还很大，那就必须自己研发新技术、新产品，这点跟发达国家一样。研发包含两部分，一个是基础研究，一个是开发新产品、新技术，后者成功了可以申请专利，企业会有积极性，国家不需要帮助太多。但是，开发是建立在基础科研上的突破，基础科研投入大、风险高，企业不愿意做。可是如果不做基础科研，开发就是无源之水。所以政府必须在基础科研上给予帮助，发达国家都是这么做的。政府可以用在基础科研上的资金有限，政府必须战略性地使用可以用来支持基础科研的资金，瞄准对国家的发展有最大贡献的产业。第三类已经失掉比较优势，有一部分企业可以升级到附加值高的建立品牌、产品研发和市场取得管理等微笑曲线的两端，有的就要将生产转移到其他工资水平比较低的地方去。对于前者政府要做的主要是设计人才、市场管理人才的教育培养，后者政府要做的是帮助企业解决投资保护的问题，如抱团出海。第四类换道超车型产业，我们在人力资本上和发达国家比有比较优势，而且我们有大的国内市场。我们可以跟发达国家直接竞争，政府要做的是设立孵化基地、鼓励风险投资等。最后一类战略型产业，没有它就没有经济安全或国防安全，这类产业需要政府补贴保护。但是，跟过去不一样，现在战略型产业在我们整个经济中所占的比重不高，可以用政府财政资金直接补贴，不用靠价格扭曲的方式来实现。所以，讲财政政策助推产业发展不能一概而论，新结构经济学有一个很大的特性，就是在谈各种问题的时候一定要把它的结构特性搞清楚，产业的特性是什么，这种产业有哪些方面企业家自己能做的，政府就要放手让企业家大胆去做，有一些企业家不愿意或不能做的，政府就要给予支持。

经济学家要多研究现实问题，在遇到现实问题时不能简单照搬国外理论来套，而是要直接去了解问题的本质是什么，它的决定因素是什么，解决问题的有利条件是什么，限制条件是什么。这样的研究可以对当前的政策制订作出贡献，也可以对理论的发展作出贡献。在研究这些问题的时候，要摆脱现在西方主流理论，我并不是说它不好，西方主流理论是总结发达国家的经验，在解决发达国家的问题时有一定的价值。但是，如果直接照搬发达国家的理论，会有很大的局限性。比如，谈创新，罗默2018年得了诺贝尔经济学奖，得奖的原因是提出内生增长理论，他解释发达国家的经济不断发展，需要靠技术不断创新，技术创新在发达国家必须靠自己的发明，发明需要有资本和人力资本的投入，发达国家资本不短缺。因此，限制发达国家的技术创新主要是人力资本，人力资本的积累主要来自教育，因此，他的理论认为决定一个国家发展的是教育水平的高低。这些年来发展中国家的教育投入都增加了许多，但是，增长率普遍没有提高，原因是发展中国家的发展不仅受到人力资本的制约，也受到物质资本的制约，如果物质资本的积累没有跟上，人力资本的积累经由教育单兵突进，结果导致有较高教育水平的人才在国内找不到工作，出现人才外流。所以，我们首先需要了解自己的发展阶段，自己有什么，根据自己有的能做好什么，创造条件把能做好的做大做强。

现代主流经济学一般是从发达国家有什么来看发展中国家缺什么，以及从发达国家什么东西能做好来看发展中国家什么东西做不好，政策就建议发展中国家去拥有发达国家拥有的，做发达国家能做好的。虽然出发点很好，但是忽视了我前面讲的内生性问题，结果经常是好心干坏事。新结构经济学正好相反，看发展中国家自己有什么，根据自己有的什么东西能做好，然后在市场经济中靠政府的因势利导，把能做好的做大做强，这样可以一步一个脚印，积小胜为大胜，小步快跑，赶上发达国家。

第二次世界大战以后，发展中国家普遍摆脱了殖民地半殖民地的地位，这些新的发展中国家其实都跟我们有共同的追求，都希望实现国富民强，也普遍有我们原来有的拿来主义的想法，认为发达国家之所以发达一定有普适道理，当时的认识是把发达国家发达的道理拿来改造我们，就可以和发达国家比肩齐进。但是，理论都有前提条件，"放之四海皆准"这样的认识在自然科学理论方面没有问题，因为自然科学的前提条件在任何地方都是一样的。但是，社会科学的理论必然会以这个理论来源国家的发展阶段和社会、经济制度安排为明的或暗的前提，无法做到放之四海而皆准。我们要总结自己的经验，提出新的理论，才能更好地达到认识世界、改造世界的目的。发展中国家的条件、机遇和挑战比较相似，我们提出的理论，对其他发展中国家也会有比较大的参考借鉴价值。来自中国的理论不仅能够比较好地指导我们的实践，也对其他发展中国家的实践有比较好的参考借鉴价值，这有利于分享中国智慧、中国方案，提升中国的话语权，提高中国的软实力，而且提高这个软实力有助于人类命运共同体所追求的百花齐放春满园目标的实现。

中国改革开放以后的发展可以说是人类经济史上

的奇迹。所谓奇迹,就是不能用现有的理论来解释的现象。但是,任何成功背后一定有道理,把中国发展这个道理讲清楚,就是一个理论创新。这也是习近平总书记所讲的,这是一个需要理论而且一定能够产生理论的时代,这是一个需要思想而且一定能够产生思想的时代。中国这 70 多年的发展,可以说是理论创新的一个金库。如果我们能把这些经验总结成新的理论,不仅有助于我们自己在未来掌握机遇,克服挑战,也可以帮助其他发展中国家能够跟我们一样,实现他们现代化的梦想。

两种体制、两个奇迹与"两个互不否定"

于鸿君

北京大学博雅特聘教授,光华管理学院教授。

习近平总书记指出："不能用改革开放后的历史时期否定改革开放前的历史时期，也不能用改革开放前的历史时期否定改革开放后的历史时期。"[①] 不仅不能互相否定，而且决不是彼此割裂的，更不是根本对立的。"两个互不否定"的科学论断直接涉及对中国特色社会主义的坚持和发展、党执政根基的巩固、全党全国人民思想的凝聚统一等一系列事关党和国家命运的问题，只有从学理上说通说透，才能从政治上深刻认识其重大意义。

历史地、实践地、辩证地看，改革开放前后两个历史时期既有本质联系又有重大区别，都是党领导人民进行社会主义建设的实践探索，都取得了巨大历史性成就，分别采用不同的经济体制创造了经济社会发

---

① 《习近平著作选读》第 1 卷，人民出版社 2023 年版，第 78—79 页。

展的奇迹。改革开放前为改革开放后的实践探索提供了重要条件，奠定了坚实的基础；改革开放后是对改革开放前实践探索的坚持、改革和发展，充分释放了改革开放前的历史积累。正确认识和把握改革开放前后两个历史时期，对于坚持和发展中国特色社会主义，全面做好中华民族伟大复兴的总体布局，具有十分重大的现实意义。

一、改革开放前后两个历史时期真的创造了两个奇迹吗？

"改革开放是我们党的一次伟大觉醒，正是这个伟大觉醒孕育了我们党从理论到实践的伟大创造。改革开放是中国人民和中华民族发展史上一次伟大革命，正是这个伟大革命推动了中国特色社会主义事业的伟大飞跃！"[1]中国成为世界第二大经济体、制造业第一大国、货物贸易第一大国、商品消费第二大

---

[1] 习近平：《在庆祝改革开放 40 周年大会上的讲话》，人民出版社 2018 年版，第 4 页。

国、外资流入第二大国,外汇储备连续多年位居世界第一。[1] 国内生产总值由 1978 年的 3679 亿元增长到 2017 年的 82.7 万亿元,年均实际增长 9.5%,远高于同期世界经济 2.9% 左右的年均增速。[2] 贫困人口累计减少 7.4 亿人,贫困发生率下降 94.4 个百分点。九年义务教育巩固率达 93.8%。建成了包括养老、医疗、低保、住房在内的世界最大的社会保障体系,基本养老保险覆盖超过 9 亿人,医疗保险覆盖超过 13 亿人。常住人口城镇化率达到 58.52%,上升 40.6 个百分点。居民预期寿命由 1981 年的 67.8 岁提高到 2017 年的 76.7 岁。[3]

改革开放推动了新中国大发展,创造了举世公认的经济社会发展奇迹,这是不争的事实,毋庸赘述。但是,对于改革开放以前的经济建设和社会发展成就的评价,则存在分歧甚至出现两个极端。我们应该秉

---

[1] 习近平:《在庆祝改革开放 40 周年大会上的讲话》,人民出版社 2018 年版,第 12—13 页。
[2] 习近平:《在庆祝改革开放 40 周年大会上的讲话》,人民出版社 2018 年版,第 12 页。
[3] 习近平:《在庆祝改革开放 40 周年大会上的讲话》,人民出版社 2018 年版,第 15 页。

承实事求是的科学态度,历史地客观地对新中国走过的70多年全部历程进行实证分析,为"两个互不否定"提供学理支撑。

从新中国成立到改革开放的短短29个年头中,中华民族进行了历史上最广泛、最深刻也是最伟大的社会变革,为当代中国的生存和发展奠定了根本政治制度和经济基础,国家的组织动员能力和中华民族的凝聚力、向心力显著增强。

这期间的经济发展虽然有过波折,但成就依然巨大,堪称奇迹。工农业总产值由466亿元上升到5690亿元,按照不变价格计算,年均增长9.45%。国内生产总值在长达26年中年均增长6.71%,接近"亚洲四小龙"黄金时期8.8%的平均增速,大大高于1966—1990年间英国、美国、德国2%—3%的年均增长速度,同期在世界各国中少见。1950—1978年,全国财政收入年均增长10.9%,财政支出年均增长10.5%,而且收支基本平衡,税收收入年均增长8.8%,基本建设支出年均增长13.7%。仅在"一五"期间取得的经济建设成就,就超过了旧中国100年的总和。

　　这期间，新中国持续进行了一系列可以载入中华民族史册的大规模工程建设：水利建设从根本上实现了中华民族治水用水的梦想①；土地开垦大大拓展了中华民族生存生活生产的空间②；人口增长、国民扫盲与教育普及极大扩大了我国的人口规模，提升了人口素质，并成为改革开放以来人口红利的根本来源③；公共医疗设施建设则使我国的医疗得到前所未有的改善④；农村居民自发互助进行了大规模住宅建设，自制自产自用了大量农业用品和农产品；等等。由于当时全社会义务劳动盛行、广大农村建设和农业经济的自给自

---

① 这期间，中国兴建各类水库 8.6 万座，不仅基本根治了水患，而且几十年来一直在满足中国 90% 城市人口的饮用水需求。
② 耕地面积从新中国成立之初的 16.2 亿亩增加到 1980 年的 20.1 亿—21.0 亿亩，净增 3.9 亿—4.8 亿亩，增长 24%—31%，净增加的这些耕地不仅为中国实现比较高的粮食总量奠定了基础，也为 20 世纪 90 年代以来大规模建设用地提供了空间。
③ 从 1949 年到 1970 年，中国总人口由 5.42 亿增长到 9.63 亿，增长 4.21 亿，年均增长率为 2.0%。在此期间，中国普通高中招生人数从 7.1 万增长到 629.9 万，年均增长率为 17.11%。普通初中招生人数从 34.1 万增长到 2006 万，年均增长率为 15.09%。新中国成立之初，中国成人文盲率高达 80%，改革开放前，中国成人文盲率下降至 34%。改革开放前，中国小学净入学率、中学总入学率分别为 93%、51%。1950 年，中国全体国民平均受教育年限为 1.61 年，仅为世界平均水平的 54%，到改革开放前，这一数字达到 5.3 年左右，基本达到世界平均水平。
④ 平均寿命由 1949 年的 32 岁提高至 1978 年的 67 岁左右，延长 35 岁，这一数字超过了当时大多数中等收入国家，也是全球有史以来最长最持续的增长。

足互帮互助特性，上述各项创造的大量价值没法按照市场经济原则被统计在当时的 GDP 内。

这期间，新中国实施了重工业优先发展战略，1949—1957 年是中国历史上工业发展最快的时期，新中国接受了苏联的资金、技术和设备援助，建设了以"156 项工程"为核心的近千个工业项目，形成了一系列新的工业部门，在中国大地上史无前例地以奇迹般的速度建成了独立自主的工业体系雏形，奠定了社会主义工业化的基础，可谓是在"一张白纸"上创造了农业大国工业化进程的奇迹。新中国在短短的几十年内走完了西方发达国家几百年才走完的工业化历程，成为世界主要工业大国之一。1952 年到 1980 年，工业总产值年均增长 10% 以上。到 1978 年工业总产值占工农业总产值的比重已经达到 74.4%，实现了由初级产品阶段向工业化初级阶段的转变，中国是既无外债又无内债且物价稳定的国家，有相当雄厚的财政储备，国民经济比例基本合理，工业布局较为均衡，综合国力居于世界前列。到 1980 年，中国的工业规模超过世界老牌工业强国英、法两国并已接近西德。

20 世纪 80 年代中期，中国的工业总产值跃居世界第三位。

再看这期间的标志性项目和重大工程的飞速突破情况。1952 年中国的工业几乎是空白，4 年后的 1956 年第一批 12 辆"解放牌"载重汽车下线，同年首次试制的歼-5 喷气式歼击机首飞成功；1957 年 10 月武汉长江大桥通车（1955 年 9 月动工）；1958 年第一艘万吨远洋货轮下水；1958 年、1959 年首都十大建筑（人民大会堂等）工程陆续动工并完成；1959 年发现大庆油田，1960 年开始开采；1960 年 9 月三门峡水利枢纽工程基本建成（1957 年开工）；1960 年 11 月 5 日第一枚地对地近程导弹试射成功；1961 年 12000 吨水压机研制成功；1964 年第一颗原子弹爆炸成功；1965 年人工合成结晶牛胰岛素成功问世；1967 年氢弹爆炸成功；1968 年南京长江大桥建成通车；1969 年 7 月被誉为"世界第八大奇迹"的红旗渠工程全面完工（1960 年 2 月动工）；1970 年第一颗人造地球卫星上天；1972 年成功提取青蒿素；1973 年万吨远洋货轮远航成功；1973 年第一台百万次集成电路电子计算机试制成功；1975年第一块大规模集成电路1024位MOS动态随机存储器（芯片）取得重大突破（仅比INTEL晚4年）；1976年杂交水稻在全国大面积推广（1964年开始研究）；1979年激光照排系统研制成功；1980年大飞机运-10试飞成功（1970年开始研制）；1980年我国第一枚洲际导弹成功发射（1970年开始研制）。

1952年到1979年间，全民所有制单位的科技人员数量年均增长9.3%；每万人科技人员数量年均增长7.2%，仅1979年一年，全国重大科学技术研究成果就达到2790项，其中包括国家级的发明创造成果42项。这些重大的标志性项目并不是这个时期的全部成果，但在当时其分量和速度都堪称人间奇迹。

这期间，新中国实现了历史上规模最大、成效最显著的教育医疗社会事业的发展。到1953年，中国历史上第一次全面消灭了存续数千年之久的黄赌毒娼匪现象。开展了四次大规模扫盲运动，脱盲人口数以亿计。1949年到1978年间，全国幼儿园数量年均增长16.8%，小学学校数量年均增长13.2%，小学生数量年均增长 6.4%；初中学校数量年均增长 14.1%，高中学校数量年均增长 12.5%，中学生数量年均增长 15.4%；高等院校数量年均增长 3.8%，大学生数量年均增长 15.3%。全国医疗卫生机构数量年均增长 5.2%，医院病床数量年均增长 8.8%，专业卫生技术人员年均增长 4.5%。到 1958 年全国大部分地区消灭黑死病，1978 年全国各种寄生虫病流行区域患病率和病死率都降至历史最低水平，1980 年全国基本消灭了血吸虫病，共治愈约 1000 万名血吸虫病人，69% 的县完全摆脱了疟疾的危害。平均预期寿命从新中国成立初期的 35 岁提高到 1978 年的 68 岁，婴儿死亡率年均下降 5.3%，孕产妇死亡率年均下降 6.7%。

这段时间中国经济社会发展应属举世罕见甚至在人类发展史上亘古未有！基本建设支出年均增长 13.7%，在总支出中占比由 18.4% 大幅提升到 40.3%。

在当时的历史条件下，新中国的一系列重大突破和建设成就完全可以称得上是人类在短期内大规模推进经济社会建设所创造的奇迹，古老的中华大地可谓是日新月异！

二、既然改革开放以前中国经济社会发展创造了奇迹，为什么普遍感觉那时十分贫穷？

首先，一要"吃饭"，二要建设，任何国家在发展中必须辩证地解决好"吃饭"与建设的问题。"吃饭"就是当期民生，改善当期民生必须扩大消费，国民在当期受益；建设就是生产，发展生产必须增加积累，使国民在未来受益。从根本上说，积累的最终目的依然是提高国民未来的生活水平。因此，消费与积累的关系就是生活与生产的关系，也是目前利益与长远利益的关系，必须科学合理加以协调解决。在经济资源短缺的情况下，用于扩大消费、改善民生多了，积累就少，建设速度就得放慢，而要加快建设速度，就必须增加积累，就得以减少消费、节制民生改善为代价。新中国成立后，人民当家作主，因此以主人翁姿态焕发出巨大的建设热情，生产劳动的积极性前所未有。为了国家和民族强大、为了子孙后代幸福，艰苦奋斗建设社会主义成为这一时期的主流价值。这期间，中国人民勒紧裤腰带、节衣缩食，心甘情愿压缩消费、增加积累，聚力于生产建设。1952—1978年中国消费率平均只有68.57%，是同期全世界消费率最低的国家，而同为发展中大国的印度同期为81.63%[1]。正因为如此，新中国成立后前30年，是艰苦奋斗建设社会主义的时期，国民的生活改善并不显著，全社会必然因物质消费品匮乏而普遍感觉贫穷，但国家长期持续发展的经济基础被奠定并夯实了。可以说，这种模式虽然牺牲了国民当时的短期利益，但换取了改革开放后民生的快速改善、经济社会的长远发展。当然，必须指出，改革开放前的积累率的确过高，导致国民经济长期比例失调，这也是制约人民群众生活水平提高的一个重要因素。

其次，农业大国走向现代化，必须快速完成工业化的资本和技术的原始积累，牺牲当期消费是无奈

---

[1] 数据来源：中国数据来自中国国家统计局，印度数据来自印度中央统计办公室。"平均率"一项是按照加权平均法计算所得。

之举。工业化的路径有二：政府推动和市场拉动，前者依靠政府推动重工业优先发展，再着力发展轻工业，进而不断满足社会对物质产品的需求，人民群众最终会得到实惠。后者优先发展轻工业，先努力满足国民对消费品的需求，再进一步推动重工业发展，国民能够同步得到实惠。第二次世界大战后中国和印度分别选择了两种不同的路径：中国选择了依靠计划推动工业化的路径，印度选择了依靠市场拉动工业化的路径。中、印两国工业化路径差异的结果是，中国人民艰苦奋斗，在短短的 20 多年中迅速建成独立完善的工业体系，为改革开放后物质产品的爆发式增长奠定了基础。而印度的发展显著滞后于中国，至今还不能算作工业化国家。历史地看，新中国自成立之初就身处"群狼环伺"的"丛林"，战争甚至一度一触即发。新中国要自立于世界，就必须与时间赛跑，集中力量推进重工业优先发展，创造物质条件提高应对战争的能力。要推进工业化，必须解决资本积累问题，途径有三：一是有计划地提高国内积累率，二是将物质资源有计划地向工业部门配置，三是依靠外来援助。纵观新中国整个工业化进程，苏联在资金和技术方面的援助发挥了关键作用，但长期来看最重要的还是通过有计划地提高国内积累率和牺牲农业发展工业（价格剪刀差）来完成工业化的资本积累，这就不得不延后国民物质文化生活水平的提高。因此，那时城乡物质产品普遍匮乏，采用诸多"票证"也就不足为奇了。需要指出，虽然重工业、轻工业和农业结构严重失调，积累与消费之间比例失当，但经过20多年的艰苦奋斗，到20世纪70年代初中国已经初步完成了国家工业化的原始资本积累。

最后，人口暴增导致人均占有资源增长缓慢，民生清贫。新中国的成立从根本上结束了100多年来中华民族被侵略被奴役的屈辱历史，人民生活安定并稳步得到改善，教育、科技、文化、医疗、体育、卫生等各项社会事业也得到快速发展，因此人口规模迅速扩张，增长幅度居同期世界最高水平。1950年至1978年，中国人口数量从5.5亿增长到9.7亿，净增4.2亿，一个国家在20多年内人口如此暴增，这在人类人口发展史上是没有过的。如果同时考虑到新中国成立之初百业凋敝的贫穷状态，新中国在人口如此快速膨胀的巨大压力下还能够基本解决近10亿人口的存活、吃饭、穿衣、教育、医疗等问题，其挑战和压力何其之大，这在中华民族乃至人类历史上，都是史无前例的壮举！但是，这样的人口增长恰恰成为改革开放以后人口红利的根本来源。[①] 伴随着人口规模的快速膨胀，工业化的强力推进又要求全社会生产资料的生产超前于消费资料的生产，人均占有的消费产品数量就不可能提高很快，满足全社会需求的物质产品的相对匮乏就势所必然，民生清贫不可避免。

综上所述，改革开放以前的人口短时期暴增、工业化必需的资本积累和基本建设占用过多的经济资源，是导致改革开放前物质产品匮乏与国民生活清贫的三个根本原因。人口短时期暴增必然导致人均占有的物质资料消费水平难以快速提高，"票证经济"就是必然选择；新中国成立后面临的战争破坏和百废待

[①] 人口红利由有劳动能力的人口的规模和素质决定。1950年至1978年，中国人口数量净增4.2亿，同时进行了四次大规模扫盲运动，公共卫生状况也大幅度得到改善，这使得改革开放后农民工因为具有一定的文化水平而能够迅速流动起来，用工企业的培训成本也长期位于较低水平。

兴的局面必然要求政府加大力度进行包括路政、教育、医疗等在内的基本建设和公共设施建设，作为新中国主人翁的人民群众也自觉自愿"勒紧裤腰带搞建设"；全面推进重工业先行发展的工业化进程，就必须立足长远快速进行资本积累，牺牲当前消费资料生产就是唯一选择。显然，中国改革开放前促进经济社会发展的一系列重大举措创造了无可辩驳的发展奇迹，为改革开放后物质产品的极大丰富和人民群众生活水平的爆发式提高奠定了根本物质基础，这在某种意义上说，也可谓是"当期投入，下期产出"，"前人栽树，后人乘凉"。

三、既然改革开放前的经济社会发展创造了奇迹，为什么还要改革开放？

"改革"与"开放"是既互相关联又有本质不同的两个概念。党的十一届三中全会以后的改革主要是指对经济体制进行改革，开放则主要指积极参与全球经济资源配置和市场竞争，全面学习一切有利于中国发展的外国先进技术、管理方法等。

其实,开放贯穿新中国成立以来的大部分时期。新中国自成立起就没有停止对外国先进技术、管理方法乃至文化的学习,始终积极参与国际经济活动,只是初期重点放在学习苏联和东欧国家,但也没有放弃与对新中国进行全面封锁围堵的美西方进行开放合作的努力。1956年以后,毛泽东进一步深入思考了扩大对外开放问题,他以苏联和东欧国家的经验教训为鉴戒,从指导思想上分析了中国和外国的关系:"我们提出向外国学习的口号,我想是提得对的。现在有些国家的领导人就不愿意提,甚至不敢提这个口号。这是要有一点勇气的,就是要把戏台上的那个架子放下来。""我们的方针是,一切民族、一切国家的长处都要学,政治、经济、科学、技术、文学、艺术的一切真正好的东西都要学。"[1]并明确提出要"学习资本主义国家的先进的科学技术和企业管理方法中合乎科学的方面"[2]。毛泽东甚至设想可以开一些私营工厂,

---

[1] 《毛泽东文集》第7卷,人民出版社1999年版,第41页。
[2] 《毛泽东文集》第7卷,人民出版社1999年版,第43页。

两种体制、两个奇迹与"两个互不否定"

还可以允许境外投资,华侨投资20年、100年不要没收。1956年,他在听取汇报时专门谈到派留学生出国学习问题:一切国家的先进经验都要学。要派人到资本主义国家去学技术,不论英国、法国、瑞士、挪威,只要他要我们的学生,我们就去嘛![1]

改革开放之前特别是20世纪50年代,新中国对苏联、东欧全方位开放,积极推进广泛深入的合作,对经济社会发展特别是工业化的起步奠基产生了巨大作用。可以说,没有对苏联、东欧的全面开放,中国的工业化进程会被大大延缓,后来的开放也不可能如此顺利高效地进行。1972年尼克松访华,结束了中美两国长达22年的敌对状态,我国与美西方的开放合作开始取得突破性进展[2],也为以后的改革开放创造

---

[1] 转引自薄一波:《若干重大决策与事件的回顾》(上),中共党史出版社2008年版,第341页。
[2] 尼克松访华以后,中国启动了"四三方案"。这是继20世纪50年代引进苏联帮助的"156项工程"之后第二次大规模的技术引进。这次引进的设备总价值高达43亿美元,主要目的就是提高中国轻工业和农业的产能,解决吃穿用的问题,推进化肥、化纤和烷基苯项目,其中民生技术就占了全部引进项目26个中的18个,特别是化肥对改革开放以后的粮食增产起到了重要作用。这次技术引进包括13套大化肥、4套大化纤、3套石油化工、10个烷基苯工厂、43套综合采煤机组、3个大电站、武钢1.7米轧机,以及透平压缩机、燃气轮机、工业气轮机工厂等项目,分别来自美国、西德、日本、法国、意大利、荷兰、瑞士。比如纺织品,我国原来的衣物主要以农业经济作物为主要原料,1972年中国年产化纤只有13.7万吨,引进化纤、化工工业后,大幅增产的石油原料供应给化工纺织产品,全国纺织品产量增加近1倍,1983年中国取消布票制度。

了良好的外部环境。进入20世纪90年代以后，中国的开放格局进一步扩大，逐步建立起面向全球化的对外开放的体制机制，特别是随着"一带一路"建设的不断深化和拓展，中国经济社会和其他领域再次迎来了与世界各国互动合作的良好局面，中华民族实现伟大复兴的进程进一步加快。

伴随全球经济一体化的逐步推进，积极参与全球范围的资源配置和市场竞争，实现优势互补与分工合作，广泛学习国外先进科技、管理方法、文化，是后发国家实现赶超战略的必由之路。对外开放使新中国与苏东等社会主义国家（新中国成立初期）以及美国等资本主义国家（20世纪70年代以后）开展大规模合作，进行优势互补，共同推动资源优化配置，分享人类进步成果，也使得中华民族自近代以来再次与世界其他国家一起步入相对平等的舞台展开合作、竞争，砥砺奋进，为人类进步注入活力。5000多年的中华文明史表明，什么时候对外开放，中华民族就能够屹立于世界民族之林，什么时候闭关锁国，中华民族就会逐步趋于贫弱，甚至落后挨打。开放意味着交融、合作、竞争，也意味着民族文化与素质的比拼较量，70多年的实践表明，中华民族在开放中交出了近乎完美的答卷。

可见，两个历史时期的开放是一以贯之、接续推进、逐步扩大、不断深化的，只是因为客观条件不同（如改革开放前美西方对中国的封锁围堵，改革开放后大为改善）导致两个历史时期的开放方向、深度、广度、重点、效果等存在差异。这里同样应该强调，两个历史时期的开放及其绩效不能互相否定。

接着需要深入探讨改革问题。既然改革以前在计划经济体制下经济社会发展成就突出，为什么还要进行市场导向的经济体制改革？

首先可以肯定，采用何种手段即计划经济体制还是市场经济体制进行资源配置，是经济社会发展绩效最重要的影响因素，甚至是决定因素。因此可以说，改革开放前中国创造了发展奇迹，计划经济体制功不可没；改革开放后再次创造了发展奇迹，市场经济体制功不可没。这似乎是个悖论，因为照此推论，自新中国成立起，无论实行计划经济体制还是市场经济体制，都会创造出经济社会发展的奇迹。经济社会发展绩效与经济体制无关？经济体制改革没有必要？这显然与实践不符。长期以来的逻辑是：改革开放以前由于实行了计划经济体制，加之"文化大革命"十年内乱，导致国民经济到了崩溃的边缘，因此必须进行经济体制改革，也正因为改革，才使得中国经济起死回生，创造了中国奇迹。然而，认真研究近现代中国经济社会发展史后我们发现，这也与事实不符。例如，1978年中国代表团赴西欧考察后得出的结论是："中国与西欧发达国家的差距巨大，整体上至少落后20年"。但由此断定新中国成立以来的经济社会建设是失败的，因此必须进行改革，这也不是事实。事实上，1949年新中国成立时与西欧发达国家的差距至少是150年[1]，这意味着新中国在成立不到30年的时间内，缩小了与西欧发达国家至少130年的差距！

新中国成立之初是一个饱受战争摧残、千疮百孔的农业大国，要迈向现代化，就必须同时进行大规模

---

[1] 1800年的英国维多利亚时代被认为是英国工业革命的顶点时期，也是大英帝国经济文化的全盛时期，而1949年的中国工业几乎是一张白纸。

基础建设和开启工业化进程，计划经济体制正好能够发挥集中力量办大事的优势，进行一系列大型工程建设并有效推进重工业的发展，建立起国民经济基本架构和独立完善的工业体系。其后，经济社会发展进入工业化中后期，其任务转变为全面满足并逐步提高人民群众物质文化生活需要，此时计划经济体制的弱点逐步显现，就应该适时进行经济体制改革，把计划经济体制改革为市场经济体制。回溯新中国成立70多年来走过的建设和改革道路，我们可以作出这样的概括：当新中国面临的重大任务需要计划体制时，我们选择了计划经济体制；需要市场体制时，我们又及时进行了改革，逐步建立了市场经济体制。可见，两种经济体制及其转换即经济体制改革是党领导人民进行的主动选择，也是唯一正确的道路！特别需要说明，实行两种经济体制的先后顺序不能颠倒，具体而言，市场经济体制不能完成第一阶段（工业化初期）的任务，而如果用计划经济体制解决第二阶段（工业化中后期）的任务，则可能是一场灾难。

应该明确，我们肯定改革开放之前取得的成就以及这些成就对改革开放以来所取得的成就的重要意义，并不是要否定改革开放和社会主义市场经济体制。

计划经济体制之所以效率低下，一般认为它有两个缺陷：一是信息搜寻、信息传递和信息处理速度慢且成本高。计划经济体制是高度集中下的决策，在分工高度发达的社会化大生产中，包括生产、分配、交换、消费在内的经济社会活动多个环节、多个体系、多个层级以及相互之间纵向和横向的作用、正向传导和负向反馈都需要处理海量信息，要通过计划体系内上级对下级命令和下级对上级报告进行纵向传输，单位机构之间通过中介或上级协调进行横向传输，以适应瞬息万变的经济环境，是难以想象的，"计划赶不上变化"就会成为常态。因环节太多导致的信息扭曲也会频繁发生，因此决策者赖以保持正确决策所需要的信息既不充分，也可能并不可靠。而市场经济体制的决策特点是分散和各自承担决策后果，经济主体每时每刻都处于市场之中，能够更加及时准确作出反应和调整，纠偏机制也快速有效。二是缺乏长期有效的激励机制。计划经济体制的突出特点是管理高度集中，整个社会是一个统一的经济组织，政府是经济运行和资源配置的决策者和组织者，基层组织、企业与个人都是执行者，是社会这个"大工厂"的一个"分子""原子"，一切都从属于政府部门，奉献于公共利益，工作绩效好坏与各自的所得没有关系，因此在人们的思想境界达不到一定高度时，除了有限的精神鼓励以外，持久的激励机制并不存在。而市场经济体制中的利益主体都为各自利益而工作，劳动付出与所得通过市场评价直接挂钩。更重要的是，个人一旦为了直接满足私欲而工作，效果突出的激励机制就是持久的。

可见，制约计划经济体制效率发挥的两个缺陷正好成为市场经济体制的优势。那么，计划经济体制有哪些突出优势呢？一是能够集中力量办大事，政府主导、资源集聚、快速执行、强力推进、大干快上是计划经济时期的基本特点。二是能够统筹规划国民经济，综合平衡经济社会发展，区分轻重缓急，有序推进各项重大工程。三是能够统筹全社会人力资源配置，避免市场体制下因失业导致的人力资源浪费。四是严格调控基本生活必需品的配置，确保人人具有基本生存权，能够活下去。具体来说，计划经济体制一旦能够解决或避开制约其优势发挥的两个问题，即信息问题和激励问题，上述 4 个方面的优势就能够较好地发挥出来，这些都是市场经济体制不具备的。

我们惊讶地发现，新中国成立初期确实较好地发挥了计划经济体制的优势，克服、回避了上述两个缺陷。首先看激励机制。新中国的成立使饱受苦难的中华民族站起来，广大人民在中国共产党领导下在历史上第一次摆脱奴役成为社会的主人，为自己的美好生活努力工作积极劳动成为社会价值的主流，个人利益、单位利益（微观经济组织）和国家利益高度契合一致，激励相容机制问题自然得到解决。实践证明，那时各行各业涌现出大批劳动模范和先进人物，如王进喜、时传祥、倪志福、焦裕禄、雷锋等，"六亿神州尽舜尧"可谓是对那个时代的生动描述。当然，主人翁激励机制的边际效果也是随着时间递减的，这在 20 世纪 70 年代中后期就已经表现出来了，这也是市场化改革的动因之一。其次看信息问题。新中国成立后很长一段时间面临的生产生活任务，一是休养生息，稳定社会，维持人民群众的基本生存生活需要；二是医治战争创伤，进行大规模基本建设，拓展开发生存与发展资源；三是解决资本原始积累问题，规划实施大型重工业项目，开启工业化进程。这样的大规模基本建设项目和大型重工业项目的实施，其生产结构简单，任务明确，导向直接，无须特别复杂的信息及其传导体系。而消费领域消费者的需求也非常低且单一，生产只需优先满足基本生存需要，结构、目标和导向也非常简单，生产和消费之间和各自内部机构之间的信息不对称也不是很突出，因此信息问题也不是主要问题。从实践来看，这一时期的大型基本建设项目主要有：土地开垦，水利建设，道路桥梁建设，江河湖泊治理，机场、码头、车站建设，扫盲教育和学校医院建设等，大型重工业项目主要是以 156 个项目及其牵引下的近 2000 个工业项目为主。这些项目的确无须复杂的信息及其传导体系，依靠计划完全可以很好完成。不可想象，新中国依靠市场经济体制能够在 20 多年的时间里完成独立的工业体系和国民经济基础建设。可见，正因为能够克服、回避激励和信息两方面的弊端，计划经济体制在新中国成立后前 30 年才能够发挥巨大优势。

特别值得指出的是，新中国成立后前 30 年的这些成就是无法用市场经济体制完成的，因为按照等价交换的市场法则，那时薄弱的国民经济基础恐怕连劳动者的报酬都难以支付，更不要说消耗的其他物质资源了。[①] 历史情况是：大规模持续的义务劳动、整整一代人的自我牺牲精神和工农业产品"剪刀差"帮了大忙。试想，那时建成的一系列农业水利工程如果拖到今天按照等价交换的市场机制进行建设，可能

---

① 以河南林县修建红旗渠为例，这条号称"人工天河"的引水渠被誉为"世界第八大奇迹"，是 20 世纪 60 年代林县（今林州市）人民在极其艰难的条件下，在太行山山腰上修建的引漳入林工程。该工程历时近 10 年，共削平 1250 座山头，架设 151 座渡槽，开凿 211 个隧洞，修建各种建筑物 12408 座，挖砌土石 2225 万立方米。工程于 1960 年 2 月动工，至 1969 年 7 月支渠配套工程全面完成，总干渠全长 70.6 公里（山西石城镇—河南任村镇），干渠支渠分布全市乡镇。据计算，如把这些土石垒筑成高 2 米、宽 3 米的墙，可纵贯祖国南北，绕行北京，把广州与哈尔滨连接起来，其消耗的人力、物力成本巨大。

吗？① 这就是说，新中国成立之初正确的选择是实行计划经济体制。苏联和中国的实践完全符合这样的逻辑：苏联实行计划经济体制使其在第二次世界大战以前快速完成了工业化，中国实行计划经济体制同样创造了人类经济社会建设历史上的奇迹，也即新中国成立后的第一个奇迹。②

但是，当基本建设和大工程、大项目建设推进到一定程度时，工业体系和国民经济基础初步建成，经济社会发展的中心任务就会转变为全面满足国民物质文化生活需要，此时国民个体偏好逐步多元化，需求越来越多样，社会生产所需要的信息结构就会变得复杂，信息需求量会越来越大，信息来源会越来越分散，信息不充分不完善问题就日益凸显，生产、分配、交换、消费之间以及供给与需求之间的计划协调难度迅速加大，经济效率就会出现递减趋势。与此同时，随着时间的推移，全社会精神激励效果也出现衰

---

① 1949 年之后的 28 年间，共建成大、中、小（10 万立方米以上）型水库 8.6 万座，塘坝 640 万口（10 万立方米以下）；总库容 4000 多亿立方米。人工河渠总延长 300 多万公里，配套机井 220 万眼，各类堤防总长 16.5 万公里。其"工程总量"体积折合土石方 3610 亿立方米，相当于 1200 座三峡工程。
② 于鸿君：《经济体制选择的逻辑》，《政治经济学研究》2020 年第 1 期。

减趋势，由此导致全社会劳动生产率在经过高涨阶段以后出现下降，这是因为忽视商品生产、价值规律和市场的作用，分配中平均主义严重，压抑了企业和广大职工群众的积极性、主动性、创造性，使本来应该生机盎然的社会主义经济在一定程度上失去活力。这时候，就必须推进市场导向的改革，用市场化解决信息和激励两方面的问题，以适应社会生产重心的转变，即从优先发展基本建设和重工业转变为大力发展消费品和轻工业，把计划经济体制逐步改革为市场经济体制就成为必需。苏联和中国的实践经验同样符合这样的逻辑：苏联没有及时进行市场导向改革而归于失败，中国及时推进了市场导向改革而创造了经济发展的第二个奇迹。[1] 可见，改革开放以来中国经济社会发展取得的巨大成就是不能用计划经济体制来实现的，因此，习近平总书记指出，经过改革实践，我们认识到，决不能不克服市场的盲目性，也不能回到计划经济的老路上去。要努力将市场的作用和政府的作用结合得更好一些，这是一个止于至善的过程。

---

[1] 于鸿君：《经济体制选择的逻辑》，《政治经济学研究》2020年第1期。

两种体制、两个奇迹与"两个互不否定"

新中国成立以来的经济社会建设与改革是一场波澜壮阔的伟大革命,是继苏联之后社会主义在中华大地上的又一次伟大实践与探索。中国共产党领导中国人民在改革开放前后两个时期,针对两种不同的经济社会发展任务,分别采用了计划经济体制和市场经济体制,创造了经济社会发展的两个奇迹,社会主义实践与探索的结果举世公认。两个时期本质相同、目标一致、过程接续,都是中国共产党领导中国人民走过的辉煌历程,我们不能用一段历史否定另一段历史,不能用一种体制否定另一种体制,不能用一个奇迹否定另一个奇迹,更不能用一代人的奋斗否定另一代人的奋斗。

中国实践推动经济学革命

陈　平

经济学家、北京大学教授。

一、挑战经济学主流理论

当前正在发生的中美经贸摩擦会极大地推动经济学思维的变化,力量之大是我们做学术研究的人难以想象的。我个人认为,特朗普挑起中美经贸摩擦,本质上是承认中美经贸竞争的结果是中国赢、美国输。这是第二次世界大战以来第一个美国总统正式承认这个事实。特朗普重新扛起贸易保护主义旗帜的做法也是美国历史上从来没有的。美国在没有站稳脚跟的上升时期一定是要求贸易保护的;等占据制高点了,为了打开别国的门户,就会高唱贸易自由的论调;如今重新扛起贸易保护旗帜了,为什么呢?因为经济衰落了,只有衰落了才需要重新保护。然而国内有的经济学家却认为中国输,说中国现在的问题是向美国学习私有化、市场化、法制化不够，中国经济将面临危机。我认为中美经贸摩擦对于推动国内主流经济学的思维转变是个好机会。推动思维转变是非常困难的，中美经贸摩擦会用实践来推动。正如马克思当年讲的，批判的武器不能代替武器的批判。

2018年诺贝尔经济学奖获得者、新增长理论的主要建设者之一、斯坦福大学教授保罗·罗默倡导内生增长理论，强调知识是人类资本的主要成分，强调先发优势。如果知识经济是可以累积的，西方国家知识累积得越来越多，后起国家是完全没有可能赶超的，那么西方发达国家可以高枕无忧。我不赞成这种说法。国际熊彼特学会曾经邀请我做第一主讲人来讨论中国和东亚崛起的原因，我提出了代谢增长论。熊彼特学会的元老很快接受了这个理论——知识的新陈代谢，旧的知识衰落被淘汰，新的知识生长并崛起，才有可能出现后起国家，这可以解释为什么今天的中国能够赶上甚至超过世界上的先进国家。

中国的实践挑战了经济学主流理论，新古典经济学增长理论的预言违背现实。苏联、东欧教育和科技比中国先进，美国研发领先于中国，为何经济增长远不如中国？发达国家资本和技术都比发展中国家先进，为何市场不愿意做长期投资？推行私有产权的西方和推行公有产权的苏联、东欧，为何经济增长被"制度、产权不完美"且资源贫乏的中国反超？这些都是经济学主流理论解释不通的。我曾发表了一个预言——在产业和技术竞争过程中，什么是决定性的因素？是学习的速度，而不是西方经济学讲的人口、资本、资源。按照罗默的理论，教育的程度、专利的数量决定国家竞争的能力，那么中国竞争不过东欧，东欧的教育水平超过西方国家；也竞争不过美国，美国到现在在专利数量上还是领先的。但是，中国的学习速度加上规模经济和产业集聚，使中国迅速赶上而且实际上在市场上超越了美国。比如，互联网最早是在美国出现的，但中国却把互联网发展到了极致。一般均衡的前提是规模报酬不变或者规模报酬递减，规模报酬递增就不会有一般均衡，就不可能自动维持国际贸易平衡。新古典经济学尤其是微观基本理论自相矛盾，是不成立的。

现在人们经常辩论国企改革的问题，不少人认为国有企业没有效率。仅仅认为国有企业没有效率，这很荒唐。因为国有企业的职能不同，不能完全以追求经济效率为目标。我们拥有国有企业就和拥有军队一样，没有军队就没有国家主权，军队不能以营利为目标。国有企业要做国计民生需要的、短期没有回报甚至长期很难有回报的事情，承担的任务是中期的社会利益，甚至是长期的生态效益，而不仅仅是短期的经济效益。这一点不光国内媒体经济学家思维混乱，有的主管部门也没弄明白，要求国有企业讲经济效率，逼着国有企业放下主业不干，进军房地产、开旅馆、开餐馆获得利润来补贴研发核心产业的成本。国资委不能只管资本负债率和价格水平，应当调控行业利润率来调节产业政策。

国内一些媒体经济学家想当然地认为中国的所有问题都可以用美国私有化、市场化、法制化来解决，这是天方夜谭。我认为他们理解的是理想资本主义乌托邦，而不是现实的资本主义市场。其实，美国的市场扭曲比中国大得多，所以美国企业才跑到中国投资。中国政府给外资企业提供帮助，远远优于在美国国内动辄打官司。要知道，美国也有产业政策，而且美国所谓的法制化是政客和商业的勾结，权钱的合法交易。资本家给政客捐款，政客在他的选区内给予捐款的行业税率上的优待，现在又多了减免关税。

另外，通过对美国产业利润进行比较，我们看到，高科技、高风险不等于高利润、高就业，利润率不等于社会效益。交通、汽车、农业等基础产业处于利润率的低端，电信、化工、钢铁、绿色能源、贵金属、矿业、煤炭和石油天然气的生产与勘探等产业处于亏损状态，烟草、虚拟金融和过度医疗处于利润率的高端。创造大量就业的传统产业，如造船、轮胎等制造业，净利润高于半导体、信息、软件等高科技产业，鞋业、服装、机械等传统制造业的净利润与化工、航天、电子、计算机等尖端产业相当。我们得出的政策启示是：要素价格的比较优势不等于产业的利润率优势；没有理由放弃传统制造业；服务业只能互补，不能替代制造业。

现在有人说1978年以前的发展存在很多问题，

经济效益也不好。其实，1978年以前我国经济的发展为改革开放以后的建设奠定了非常重要的基础。

第一，新中国成立之初就发起了"扫盲运动"，"扫盲运动"在农民工人中普及了教育。当时中国的教育是非常匮乏的。当时中国派往苏联的留学生里有好些人实际上只有小学文化程度，但在中国他们都是高级知识分子。所以，必须普及教育。第二，新中国成立后培养了大批理工科的学生，自然科学奠定了科技建国的基础，改变了自然科学落后的局面。我的老师严济慈是做原子弹的，他年龄最大的学生是钱三强，年龄最小的是我，我应该算是钱三强的师弟。当时国内懂原子能理论、接触过实验的只有钱三强夫妇两个人，后来在很短时间里培养了数以百计的做原子能和导弹的工程师，这在其他国家是不可想象的。第三，国有企业发挥了重要作用。现在说国有企业没有效率是完全错误的，国有企业的问题在于市场规模不够大。中国国有企业在改革开放以后，从亏损变为盈利，说白了不是一个管理问题，也不是一个技术问题，而是市场规模的问题。第四，"逆向军事工程师"

出身的企业家发挥了重要作用。中国前30年所谓的国有企业的低效率是西方发达国家封锁造成的，中国人只能靠自己干。我在科学院的时候95%的工作时间用来生产仪器，连一个普通的示波器都要自己造。我们从中国香港弄来一个德国的示波器，把它拆开了再改进。这样的过程训练了中国一代的逆向工程师，他们迅速瓦解了西方发达国家劳动分工的专家技术优势。

总之，如果按照GDP测量，中国前30年勒紧裤腰带发展的基础工业和科学是赔钱的。但是只有打好这个基础，中国打开国门后才能迅速缩短技术差距。没有中国的前30年，中国后40多年发展就没有这么快。

二、突破预言的经济学奇迹

近年来"中等收入陷阱"的说法很流行，我认为所谓的"中等收入陷阱"在世界意义上是不成立的。

世界上没有什么"中等收入陷阱",倒是有"高收入国家困境"。我们看到,债务危机首先发生在什么地方?希腊,然后是意大利、西班牙,这些都是高收入国家,不光是这些国家,还有美国波音公司总部附近和马里兰等高收入地区。美国这样的高收入国家,越是高科技发达,投资风险就越大,造成的失业远远超过创造的就业。因为高科技发展依靠军备竞赛,而军备竞赛不创造就业。高科技用以占领国际分工制高点,但不足以创造就业。所以,在国际竞争中,世界上富裕国家往往"富而骄,骄而堕",就是俗语所讲的"富不过三代"。中国要保持持久的竞争能力,小康社会才是可持续的,才能实现习近平总书记讲的"绿水青山就是金山银山",才能构建人类命运共同体。中国现在面对经济下行的挑战,党和国家领导的方向是正确的,但是部分管理经济和金融的中层干部在一定程度上受了西方教科书的错误引导。其实,经济学革命是要革思维方式的命。我们要善于运用中国智慧,运用好辩证法的思想。

马克思的历史唯物主义观点主要是依据西欧的经

验，认为人类经历了原始公社、封建社会、资本主义社会等几个阶段。当然，西方资本主义连五个阶段都不承认，认为私有制就是普适模式。但马克思留下一个问题——马克思没有预言社会主义能在非资本主义核心地区的俄国发生，更没有预言会在实行小农经济的中国发生。马克思发现印度和中国的社会发展方式和西方非常不一样，暂时取了一个名字，叫亚细亚生产方式。他认为亚细亚生产方式相对落后，不可能发生社会主义。这是中国的实践可能超越马克思的预言的地方。如果完全按照马克思的预言，陈独秀走的路线就是对的——等到中国发展资本主义以后才能搞社会主义。然而当时在帝国主义列强控制下的中国，有没有可能发展资本主义都是很大的问题，更谈不上社会主义了。历史将推动经济学的革命：从趋同优化走向多样演化，从分析科学（劳动分工）走向综合科学（分工协作），从资本主义（竞争排他）走向社会主义（创新共享）。今天中国的实践可能超越马克思的预言。所以，我认为，中国的实践不但远远超越了西方经济学的预言，也突破了马克思、恩格斯的理论预言。

中国在资本、劳动力和资源等新古典经济学认为的几个生产要素都不占优势的前提下，却创造了经济学的"奇迹"。要素禀赋不占优势的中国超越了要素禀赋优越的国家，背后的经验值得总结。

第一条重要经验就是，革命组织产生的国家信用取代原始资本积累。枪杆子里面出政权，枪杆子里面出信用，在发展中国家发展基础建设，为工业化铺路。毛泽东的一个贡献是提出了"枪杆子里面出政权"。我套用了一下，"枪杆子里面出信用"。电视剧《人间正道》和《国家命运》，讲当年中国共产党接管的时候，国民党把黄金、外汇运到台湾地区去了，金融市场一片混乱，西方人预言中国共产党打不赢经济仗。事实上，我们靠政权力量很快就扭转了局面。我跟西方人讲，中国有独立的货币政策和金融政策，比德国、日本的央行还要独立，比美联储还要为人民服务，就是因为"枪杆子里面出信用"。中国政权稳定，包括党组织和军队稳定，才有稳定的信用和人民币的坚挺，然后才有土地政策。地方政府拍卖土地后，为什么能吸引资金投进来？主要是相信党和政府一定能把"房子"盖起来。中国没有搞殖民主义，没有原始积累，没有像拉美国家一样借巨额的外汇贷款，中国就靠政权信用加上党的执政理念。这就是中国经验。

第二条重要经验是把文化层次不高、组织分散的农民转化为革命军队、革命干部、乡镇企业家，使他们成为革命和发展的主力军。毛泽东说过，政治路线确定之后，干部就是决定的因素。企业也是如此，发展战略确定后，干部就是决定因素。我国的经济下行不是因为社会主义体制有问题，不是路线有问题，而是干部执行政策出了问题。但对这个问题我很乐观。干部要通过实践锻炼成长。

第三条重要经验就是区域差距成为发展规模经济、区域竞争、地区互助、全国协作和分区试验的发展动力。中国这种跨地区的合作，在世界上是独一无二的。

现在有的人对中国很恐惧。特朗普说，中国模式要把世界秩序搞坏，说我国的经济是非市场经济。我认为市场经济最好的定义就是看市场上竞争的程度。中国绝大部分行业都是充满竞争的，中国汽车市场有上百家企业竞争，美国有几家？日本、韩国有几家？要按照不同所有制企业竞争的程度，中国是世界上最大的、最有活力、竞争最激烈的市场。现在连美国都承认，只有在中国市场上能够生存的企业才是世界上一流的企业。美国给我们定义"非市场经济"定位，这是没有道理的。相反，我也可以说美国是一个非市场经济的国家，还可以列出很多种不正当竞争的表现，包括制裁、各种各样的权钱交易等。美国非市场经济阻碍经济发展程度要比中国严重。

三、从"斯密定理"到"代谢经济学"

现代市场经济深受亚当·斯密经济学理论的影响。亚当·斯密对经济学的贡献在于提出了分工提高劳动生产率，更在于明确提出了分工受市场规模限制。

亚当·斯密时代工业革命才刚刚开始,他还没有看到像铁路这样的东西,也没有意识到蒸汽机的冲击。所以他讲分工提高劳动生产率,举的例子是做针。那么问题来了——分工能够提高劳动生产率,代价是什么?代价是增加了营销风险。本来生产100根针,在一个小镇上能卖得出去。若生产1万根针,卖不出去怎么办?投入越大,生产越多,企业死得越快。亚当·斯密真正了不起的地方不是提出了现在讲的分工提高劳动生产率,而是提出"斯密定理",就是分工受市场规模的限制。我认为这是工业化时代市场经济的核心问题。美国挑起中美经贸摩擦,竞争的是什么?不是竞争利润,不是竞争贸易顺差还是逆差,竞争的是市场规模。谁拿到更大的市场规模,谁的平均成本就降低了。同样的生产模具,生产1万台和生产10万台哪个成本低?当然是生产10万台的成本低。虽然中国在技术上不比美国先进,但是规模大,先占了国内的市场,平均成本降下来,再出口到欧美市场,这就是中国的底气。规模本身就是力量。按照供求均衡理论,供给曲线必须在规模报酬递减情况下才会斜向上；如果规模报酬不变，供给曲线是水平的；如果规模报酬递增，供给曲线是向右下方倾斜的，两条曲线就未必有交点了。因此，只要有规模报酬递增，均衡就不存在，就一定会有冲突和战争。这是现在整个新古典经济学致命的弱点，无视规模竞争就会放大营销风险，无视生产过剩的危机就会导致大国间竞争和冲突。其实只要有规模经济，就没有自动的平衡。

中国道路打破西方模式的现代化，在经济发展方式上有着开创性的成就。

马克思主义政治经济学看到历史长期演化的阶段性，但是低估了经济发展的不平衡和新兴国家超越发达资本主义国家的可能性。列宁、毛泽东抓住了非平衡发展的机遇。熊彼特创新经济学看到科技创新是"创造性毁灭"的过程，资本主义走向社会主义的第三条道路是技术创新。邓小平抓住历史机遇，引入双轨制和混合经济，在吸收西方科技管理技术的同时，全面超越西方的发展模式。中国道路打破了西方模式的现代化。那么，我们现在要做什么呢？我希望能够综合马克思、熊彼特经济学的优点，探索中国的经验，重新构造工业化时代经济学的新陈代谢机制，理解文明的多样发展和大国兴衰。我给我的理论取了一个名字，叫"代谢经济学"。

我对亚当·斯密的理论进行了推广，提出了一个自己的理论，就是把斯密原理发展为一般的原理。什么意思呢？就是分工不是受市场规模的一重限制，而是受生态资源、市场规模和环境涨落的三重限制。中国模式的小农经济和"桃花源"生活，要比现在美国的大规模的农场性生产先进性高。西方模式的局限在于摧毁生物多样性。美国大规模生产食品，摧毁生物多样性，造成抗生素几近失灵，人类和动物类疾病交叉感染，禽流感、疯牛病等，将来生物战争的恐怖性会超过核战争。将来中国的生活方式会和新的生物学革命、新的科技革命结合，一定会比西方优越。生态资源的限制决定了人不能贪得无厌，一味追求高消费，一定要做到自律。在复杂的社会生态系统里，大家必须依靠相互合作。我认为人类的本质不是自私的，而是群体的、社会的、合作的。所以，中国社会竞争合作要比美国排他性的竞争私有产权更有生命力。

中国经济的发展颠覆了西方主流经济学理论的预言。简单地说有两条：第一条，新古典经济学的增长理论。我提出的"代谢增长论"可以挑战新古典的外生和内生增长理论。第二条，科斯交易成本理论。科斯交易成本理论没有办法解释现在美国的产业外移，美国过量的官司、过度的法治实际上大量增加交易成本，是让产业外移的重要因素，所以以为市场化就可以降低交易成本，完全是乌托邦的理论。技术革新相当于人类的进化，从猿猴到人类，消耗的能量是增加了还是减少了？当然是增加了。人越进化，交易成本越增加，所以才需要补充越来越多的能量。科学发展与此类似，科学发展是不会降低交易成本的。科斯交易成本理论认为政府监管增加交易成本，目的就是反对政府监管。投机行为那么多，老百姓要求政府监管是符合工业革命发展趋势的。科学是把双刃剑，科学越发展，造假机会越多，监管的成本一定要增加。

四、推动马克思主义政治经济学的发展

现在中国面临的问题是经济下行压力大,重要原因是西方金融学误导了宏观调控。问题不在于舆论所讲的"国进民退",而是中国实行防范金融风险的时候采取了错误的"一刀切"的政策。中国过去30年里多是输入西方的现代经济学理论,没有及时发展马克思主义政治经济学,所以经济调控就有两种可能:一种就是"摸着石头过河",错了以后再改,这当然要"交学费";另一种就是用西方教科书作为指导理论。西方教科书有非常大的问题。过去我们推翻了两个理论,一个是产权理论,认为只要保护私有产权,经济就会自动发展。我想问,保护谁的产权?是保护创新者的产权,还是保护长期投资的产权?是保护短期投机甚至寻租的产权,还是恶意欺骗的产权?在防范金融风险过程中,一批打着民营企业、金融创新的旗子,实际钻政策漏洞的企业,从银行贷款放到股票市场上来提高占股比例,然后把钱兑现,这样的金融风险当然应该防范,中国政府在这方面的工作力度是

很大的。但是，我们犯了"一刀切"的错误。经济下行时，金融机构对实体经济应当雪中送炭，还是雪上加霜？政府一旦采取紧急刹车，导致股价下跌，企业就岌岌可危。银行系统为了保自己的利润指标也在跟风，国家采取贷款终身责任制的办法。其实世界市场上最典型的高科技风险投资成功率很低，实行投资终身责任制，许多企业都会撑不下去。防范企业和财政的金融风险，保护私有产权，本质上导致放大了金融系统风险。

另外，有些金融理论出错。现在经济学的架构有微观和宏观两个层次，这是错误的，实际上有微观、中观和宏观三个层次。中观是市场不稳定之源，大部分问题都出在中间层次。如果政府官员是按教科书进行宏观调控，不考虑产业结构的变化，也不区分这些企业的高杠杆究竟是技术攻关造成的，还是环境污染造成的，是绝对不行的。在技术的问题上应该集中兵力打歼灭战，克服环境污染则要下很大的投资，不是一两年就能解决的。如果能区别对待，就不会有现在的问题。政策如果"一刀切"，问题就会更严重。这在美国也是一样，虽然美国没有国有企业，但如果搞防范金融风险，中小企业也就出局了。世界上金融做得好的是德国和日本，是扶持中小企业的。中国当下最大的风险是金融的盲目开放，可能造成大量的中国资产在中国股市低迷的时候被西方投机资本抄底。

总结中国经验，马克思主义政治经济学发展前景广阔，特别是在生产力和生产关系之间的辩证关系上，我有几条发展建议。

第一，马克思强调生产力决定生产关系，毛泽东强调人的主观能动性。我认为在转型时期毛泽东思想要比马克思的理念更具有实践意义。革命可以在生产力落后的国家发生，国家创造信用，取代殖民主义的原始资本积累，推进基础建设，与发达国家竞争。

第二，重新理解生态环境—技术经济—社会体制之间的三层次架构：理解文明发展的多样性和经济发展的非均衡。发展中国家可以超越西方模式（消耗资源—节省劳动力），创造可持续的绿色经济。西方文化人类学家提出"文化唯物主义"学说，把马克思的生产力、生产关系两个层次发展成三个层次。最下面一个层次就是生态环境，包括地理、气候等，生态环境决定了人类的生存方式。生态环境决定社会组织形式。我们现在研究各个国家不同的文化社会组织形式，就要研究其生存方式。

第三，重新理解农民、工人、知识分子、干部、政党在经济发展中的作用。知识分子一定要和工农相结合。重新理解农民、工人、知识分子、干部和政党在经济发展中的作用，才能真正理解中国道路。中国革命和建设中发展出来一套中国的治理方式，包括群众路线、领袖政党、组织的作用，是西方强调"自由""民主"的人不能理解的。

第四，重新理解文化、宗教、社区在经济和社会中的作用。我们推进"一带一路"建设要跟中亚国家、伊斯兰国家打交道，该怎么做？我去伊斯兰国家后很震惊，伊斯兰国家的社会治安要比拉美国家、美国等发达国家的大城市好得多，伊斯兰国家是有宗教信仰的。在我们中国很多事情都是政府统管，否则社会容易出乱子。在社会治理这方面，文化、宗教和社区的作用也需要研究。

第五，我自己最感兴趣的事情是把亚当·斯密的国家财富理论改变成国家的协调理论，把批判资本主义为主的政治经济学发展为建设社会主义为主的政治经济学，总结社会主义经济发展史。邓小平抓住历史机遇，引入双轨制和混合经济，在吸收西方科技管理技术的同时，全面超越西方的发展模式。中国是自主式的开放，不像苏联、东欧完全受西方经济学家指导或像拉美受跨国公司主导，所以双轨制才能兼顾稳定和创新。创新实际上是不稳定的、具有颠覆性的，在这个过程中会出现老产业破产、工人失业和社会不稳定的现象。这个问题中国解决得非常好，社会稳定程度很高。

改革开放、国家能力与经济发展

王绍光

清华大学国情研究院特聘研究员,公共管理学院、苏世民书院特聘教授。

我们看到很多关于改革开放与经济增长的说法，这些说法里有一个基本的假设，就是只要进行改革开放，就能实现经济增长。但是，这种假设本身恐怕有一个逻辑上的跳跃。因为在过去的300多年、150多年、40多年中，进行改革开放的经济体有很多，但真正取得成功的很少很少。所以，只要进行改革开放就能实现经济增长这种假设实际上是不成立的。

进行改革开放不一定能取得成功。从19世纪下半叶到20世纪头20年，世界上进行改革开放的经济体有很多。当时非西方国家都面临来自西方列强强大军事和经济实力的挤压，他们都希望改变这种情况，实际上都不约而同地走上了一条改革开放的道路，希望找到一条实现现代化的捷径。如埃及，在19世纪中叶，埃及就开始进行土地、税收、法律等方方面面的改革。当时的埃及创办了现代银行，兴建了第一条准轨铁路，这都比我国要早得多。奥斯曼帝国在垮台以前，也进行了将近一个世纪的改革。伊朗巴列维王朝的缔造者礼萨·汗在19世纪末20世纪初效仿西方对伊朗也进行了一系列的改革。中国清王朝从19世纪中叶以后，尤其是19世纪末20世纪初戊戌变法失败以后，后面还有一些改革措施，如清末的新政进行了政治、经济、军事、司法、文教等方面一系列改革。这些改革大多失败了，或者说都不太成功。成功的例子就是日本，在明治维新以后，日本的国力日渐强盛走向现代化。所以，从过去150多年的经验来看，进行改革开放不一定就能取得成功。

如果再看近一点，过去40多年，其实很多地方都进行过改革开放。1979年埃及就进行改革开放，1980年土耳其就宣布进行经济改革，1983年印度尼西亚开始进行经济自由化的改革，1986年越南进行革新开放。到20世纪80年代末，当时身陷债务危机的拉美国家都开始进行改革开放。20世纪80年代末，苏联、东欧国家有一个彻底的转型。这都是改革开放，但成功的很少。

1985—2018年，中国人均GDP的变化很明显。其他国家和地区包括苏联、东欧国家，有些做得稍微好一点，现在人均GDP水平比1985年高，但是还有好多国家现在的人均GDP还达不到1985年的水平。1985年距今已经35年了，35年人均GDP不增反降，这是难以想象的。尤其是乌克兰，2018年乌克兰的人均GDP是1989年的74%。乌克兰改革了35年，人均GDP下降了25%，这样的改革很难讲是成功的。

所以，进行改革开放，包括经济改革、政治改革，不一定保证能够成功，不管从过去300多年、150多年还是过去40多年来看，都是如此。要想改革开放取得成功，达到经济增长、经济发展的目的，还离不开一个前提条件，就是要有一定的国家能力，这就需要一个有效的政府。什么叫有效的政府？我理解的有效政府是具备基础性的国家能力的政府，它不一定是改革开放成功的唯一前提条件，但至少是一个关键的前提条件，也就是一个必备条件——有了它不一定成功，但没有它一定成功不了。

一个有效的政府是很关键的。以中国来讲，1949年中国建立了一个有效的政府，前30年为中国后来的发展奠定了坚实的基础，之后这个有效的政府在此基础上为整个国家的改革开放保驾护航，接着又走了40多年。所以，中国这70多年来的发展总体来讲得益于有一个有效的政府。

一个有效的政府必须具备基础性的国家能力。什么叫国家能力？

简单地讲，国家能力就是能把自己的意志变为行动、化为现实的能力。构成这种基础性的国家能力的要素主要有七个。第一，强制能力；第二，汲取能力；第三，濡化能力，这三项是前现代国家应该具备的能力。还有其他四项是20世纪50年代以后的国家应该具备的基本能力，即认证能力、规管能力、统领能力和再分配能力。

一、东西方的分流

首先从东西方的大分流来看改革开放、国家能力与经济增长这三者之间的关系。

西方人出了一系列著作去分析、解读为什么西方能够发展得比较早、比较好。这些书可能从 19 世纪末就有了，过去几十年就更多了。

有一本书叫《文明》，这本书讲，大约从 1500 年开始，欧亚大陆西端的一些小型政治实体开始一步步地变成世界霸主。为什么？该书作者给了一个答案，他认为是因为西方国家手里有六样别的国家没有的东西，他把它们叫作"killerapps"，我翻译成"撒手锏"。他讲的第一个是竞争，第二个是科学，第三个是法治，第四个是医药，第五个是消费主义，最后一个是工作伦理。他能用这些东西解释为什么西方兴起，但要用这些去解释中国的兴起就存在困难，因为他的解释没有放在比较和历史的视野之中。

另一本书也被翻译成中文了，就是《国家为什么会失败》，在经济学界影响很大。根据这本书的结论，之所以西方国家可以发展起来，其他国家发展不起来，是因为西方国家拥有一种成功的体制，即包容性的制度。其他国家为什么不行呢？因为其制度都是榨取性的。这是西方人解释的整个西方兴起的原因。

西方兴起还有很多其他原因,这里先不去谈。但在近代史上,东西方确实出现了大的分流,这是没有争议的。从18世纪下半叶到19世纪上半叶,以工业革命为标志,西方跟其他国家走上岔路,至少是大家都认同的东西方分流的起点。

工业革命为什么会发生在西方,而不是发生在别的地方?回答这个问题其实很简单,就是反思在工业革命之前还发生过一些什么事。工业革命之前出现了许多变革,如科学革命、军事革命,然后出现一种新的国家形式——财政—军事国家,继而出现大规模的殖民主义、大规模的奴隶贸易,带来了国家税收的增长。这些变化都出现在工业革命之前。按时间顺序来看,科学革命诞生于16—18世纪,军事革命诞生于16—17世纪,财政—军事国家在17—18世纪初步形成,真正大规模的殖民主义和奴隶贸易在17世纪以后非常普遍,大概在18世纪、19世纪西方国家的税收出现明显增长。工业革命就是发生在这么一个时段。

受内生经济增长理论的影响,很多做分析研究的人认为，人力资本、科学、知识对经济增长的贡献率比较高，进而得出一个基本假设，认为科学可能在经济增长中扮演非常重要的角色。但在学界，关于科学革命和工业革命的关系，到现在为止实际上是没有定论的，甚至大部分人认为两者之间没有太大关系。原因很简单，17世纪以前，科学的演进并没有积累性，与技术进步没有什么关系。19世纪以后有一个变化，就是科学带有积累性了，与技术有更密切的关系。所以，内生经济增长理论可能对解释19世纪以后的事情是有用的。但是，在17—19世纪二者之间是什么关系？现在至少有三种看法。

第一，科学发现与技术进步有密切关系，技术进步与工业革命有密切关系。

第二，科学与技术进步、工业革命没有什么关系。这其实是很多科技史专家和经济史专家的看法。当时真正能促进技术进步的主要是工匠，工匠是在干中学的，而不是读了书、懂了科学后才从事生产，所以二者没有什么关系。

第三,科学在工业革命中的作用尚不明确,但是科学态度是有用的。这是一个折中的看法。

总体来讲,我的看法倾向于16—18世纪的科学革命跟后期发生的工业革命没有什么太大的关系。举一个简单的证据,在工业革命进程中,有两个产业至关重要。最重要的是纺织产业,占GDP的一半或者更多,其次就是冶炼产业或者叫钢铁产业,但这两个产业基本上跟当时的科学发现没什么联系。所以对科学与工业革命的关系,我基本上持否定的态度,可能存在其他因素与工业革命的关系更密切。

其实在工业革命以前,有些人已经开始隐隐约约地感觉到国家对经济发展的作用。最早有这个意识的人很可能是霍布斯。霍布斯有这样一句话:在一个没有共同权力使大家慑服的时候,人们便处于所谓的战争状态,这种战争是每个人对每个人的战争。如果处在这样一种状态,产业是无法存在的,因为其成果不稳定,生产出来的东西马上就被人抢走了,导致的结果就是大家都不愿意去生产。最糟糕的是人们不断地处于暴力、死亡的恐惧和危险中,人的生活孤独、贫困、卑污、残忍而短寿。这是霍布斯最重要的一句话。没有一个有效的国家，人们干什么都是没有用的。

还有一个人，就是亚当·斯密。大家可能都读过他的《国富论》，但很多人读的可能是第一卷和第二卷，其第三卷、第五卷大量篇幅都在讲政治、国家能力、暴力、如何克服暴力等。在《国富论》以前，他的《亚当·斯密关于法律、警察、岁入及军备的演讲》一书全都在讲国家的强制能力。所以，亚当·斯密是比较重视这些内容的。但是今天好像提到亚当·斯密，都是在强调自由竞争，这就把他的观点严重简化了。

为什么16世纪以后西方突然出现军事革命，然后变成军事上的强国？很可能跟战争有关。关于人类国家的形成，以前有一些不同的理论，但从考古发掘来看，暴力、战争跟国家的形成密切相关，全世界几乎没有一个地方例外。战争比较多、比较频繁的地方，可能对当地的政治、经济、军事格局有很大的影响。

1640年以前中国战争的频率跟欧洲不相上下，1640年以后欧洲战争的频率比中国要高得多。为了存活下来，欧洲国家必须进行军事上的竞争，这就促使军事组织、武器装备各个方面发生变化，进而引发军事革命。"军事革命"是1956年英国历史学家迈克·罗伯斯提出来的，后来经过了几十年的讨论，现在大家基本上都认同16世纪、17世纪西方发生了一场重大的军事革命，武器、组织、军队规模都发生了变化，所以它的军事力量开始强起来。以至于现在很多西方学者都认为，军事是衡量国家能力一个很重要的标准。著名社会学家查尔斯·蒂利（Charles Tilly）干脆画了一个等号，认为军事化就等于文明。近几年，伊恩·莫里斯（Ian Morris）写的《文明的度量》一书也讲道，战争能力是衡量文明的标准。他认为国家有强制能力是一件很重要的事情。在这本书里，他画了一张表比较东西方的战争能力。从这个表中可以看出，公元600年左右，东方的战争能力比西方要高，这种情况一直持续到1400年。也就是说，在15世纪初，东方的战争能力还是比西方高一点点，再往后就不一样了。西方的战争能力从 16 世纪开始超过东方一点点，17 世纪则高了很多，18 世纪高得非常多，到 19 世纪东西方已经完全不在一个数量级上。欧洲军队在这个时候规模开始迅速膨胀。

之后，出现了经济上的大分流，也就是英国的工业革命，使英国从一个非常小的国家在工业上、经济上、军事上都变成强国。军事能力就是我们之前讲的强制能力。对内而言，强大的军事能力可以为国家的改革开放保驾护航，创造内部的和平环境。亚当·斯密在《国富论》里专门讨论了常备军的重要性。他认为常备军是现代社会的标志，要发展经济，除了比较优势、市场以外，常备军也是必要条件之一。全球最早的专职警察出现在 1830 年左右的英国伦敦。

而在中国，专职警察的出现要晚 70 年左右。对外，强制能力也非常重要。它有助于掠夺海外资源，开拓海外市场。殖民地、奴隶贸易的背后，都是以炮舰作为后盾的重商主义。

有了强制能力以后，可以做很多事情，首先就是殖民主义。西方殖民主义历时 300 年，最早由西班牙、葡萄牙推行。到 16 世纪、17 世纪，荷兰、英国、法国等欧洲强国纷纷建立海外殖民地，再往后欧洲倾巢而出去开拓殖民地，包括今天号称很和平的北欧小国，当年都是殖民者。

这个时候，有了军事力量做后盾，就出现了一些实际上是武装集团的公司，如荷兰的东印度公司。为什么会出现这个公司？因为当时有一个英国的冒险家参加了北美和南美的殖民扩张，他根据自己的亲身经历告诉伊丽莎白一世女王，谁控制了海洋，谁就控制了世界贸易，谁控制了世界贸易，谁就控制了世界财富，最后也就控制了世界。英国在 1600 年成立了东印度公司，英国东印度公司给英国带来了大量的财富。

两年以后，也就是 1602 年，荷兰也成立了东印度公司。荷兰东印度公司最早出任印度尼西亚总督的人在董事会上这样讲，只有诸位掌握武器才能为驱动和维持亚洲的贸易提供保护，而这些武器则必须由贸易的利润来支付。也就是说，没有战争就无法进行贸易，反过来没有贸易也无法进行战争，军事和财政收入是紧密连在一起的。

荷兰东印度公司在其巅峰时代有 7 万名雇员，其中 1/5 是军人，是雇佣兵。今天有人反推它巅峰时的市值，约合今天的 7.4 万亿美元，是苹果公司最高市值的 8 倍。有人称它是有史以来市值最高的公司。

所以，马克思在《资本论》里讲，荷兰是第一个充分发展殖民制度的国家。有东印度公司的国家不仅仅是荷兰，英国、丹麦、葡萄牙、法国、瑞典、奥地利都有，这些都是军事集团，既殖民又掠夺。

除了东印度公司以外，欧洲列强还在很多地方成立了很多其他特许垄断公司，也都是半军事性的。

马克思引用过一句话，他说所谓基督教人种在世界各地对其所能奴役的一切民族所采取的野蛮和残酷的暴行是世界历史上任何时期、任何野蛮、愚昧和残暴无耻的人种都无法比拟的。这话说得很到位。马克思还进一步点到了实质，他说殖民制度大大地促进了贸易和航运的发展，垄断公司是资本积累的强有力的手段。发展经济要有资本积累，原始积累从哪里来？剥削工人阶级只是一方面，还有一方面是通过海外掠夺。在欧洲以外，直接靠掠夺、奴役和杀人越货而夺得的财宝流入宗主国，在这里化为资本。

另外，西方的奴隶贸易也长达300年。跟殖民主义有着相似的发展经历，西班牙、葡萄牙最早开始，然后荷兰、英国、法国紧随其后，再往后几乎所有的欧洲国家都卷入奴隶贸易。300年间，大约有1200万人被从非洲运到了美洲当奴隶，还有很多人在途中死掉。有人估计，在此期间，非洲总人口减少了3000万人左右。而人是发展经济最重要的资源。

正如马克思在《资本论》第一卷第二十四章里提到的，美洲金银产地被发现，土著居民被剿灭、被奴役和被埋葬于矿井，对东印度开始进行征服和掠夺，非洲变成商业性的猎获黑人的场所。这一切标志着资本主义生产时代的曙光。资本主义生产时代的曙光不是什么市场、版权、科学发现、比较优势，而是以最残酷的暴力为基础的，如殖民制度。所以，国家汲取能力、强制能力是很重要的，马克思早就认识到了这一点，并指出暴力是每一个孕育着新社会的旧社会的助产婆，暴力本身就是一种经济力。至少从西方国家的发展历程来看，正是如此。

军事国家出现以后，就有了财政国家。各国军队的规模变大，组织方式变得更为复杂，战场扩张到全球范围，使得战争的费用急剧增加。这个时候国家的强制能力就需要有汲取能力作为基础。反过来，军事竞争又促进了财政手段与技术手段的进步。所以，财政—军事国家就是指通过税收和其他财政创新的手段保障大规模战事可以进行的国家。在此基础上，财政—军事国家得以在18世纪、19世纪征服世界上大片的土地，成为全球的霸主。对国家而言，汲取能力是非常重要的。如欧洲16世纪左右思想家博丹就曾在《国家六书》里提到，税收是国家的神经，没有税收，一个国家就没法运作。霍布斯也讲得很清楚：你们想要和平，对不起，税收就是和平的价钱。你想要和平，想平稳地发展经济，你得交钱。

有些人有这样一种观点，认为经济增长了，国家汲取的钱才更多。我认为恰恰相反，国家先汲取了足够的财富，经济才能增长，才会有之后的工业革命。英国在1688—1815年间GDP增长了3倍，实际税收增长了 15 倍。英国的税收总量从 17 世纪以后就开始快速增长。人均税收在 16—18 世纪也是快速增长的。与之相比，这一时期的中国在这方面是比较弱的。有位学者对鸦片战争以前清朝政府的税收做了一个最高的估计，每年也不会超过 3 亿两白银。3 亿两白银，相当于 110 亿克银子。英国的税收当时相当于 30 亿克银子，为当时中国的 1/3。但是，中国的人口是当时英国人口的 20~25 倍，换句话说，英国当时的人均税收是中国的 7~8 倍。从这个角度来看，当时中国的汲取能力是比较弱的。

如前所述，强制能力跟经济发展有关，事实上汲取能力跟经济发展也有关。强大的汲取能力首先可以支撑军事国家，其次可以进行很多基础设施的建设。

关于国家能力和早期经济发展之间的关系，在这里可以引几个已经有人在做的研究作为证据。一名经济史家发现，1815 年以前，因为英国具有对外维护自身安全、对内维护秩序和产权的国家能力，得以促进投资和国际贸易，使英国成了第一个工业国家。有两位学者 2014 年的研究发现则从反面证明了这一点。

根据他们的研究，随着西班牙的汲取能力急剧下降，西班牙整个国家衰落下来。

所以，有学者说，近代早期之所以出现东方的衰败和西方的繁荣，根本原因在于国家的重要性作用和功能上。华裔学者孙隆基指出，中国未能成为近代世界经济的领头羊，乃是因为它没有变成一个战争财政国家。

二、中日的分流

再来看中日之间的大分流。

2018年中信出版社出版了一本书，叫《国家的启蒙：日本帝国崛起之源》，作者是马国川。这本书实际上重复了一个很流行的看法，就是从费正清开始，大家普遍认为中国和日本的差距是1868年日本明治维新以后才拉开的，因为这个时期日本进行了彻底的改革，而中国的改革不够彻底。这本书提到，日本进入明治维新时代，通过对外开放、对内改革走向了富国强民的近代化道路，日本的改革非常彻底，引导明治维新走向了成功。实际上最近的研究发现，早在1850年以前，中日两国已经出现了经济的分流、国家能力的分流、国家统一的分流。

在明治维新以前，分流表现在两个方面，一个是经济方面，一个是国家能力方面。从经济方面看，中日人均GDP的差异很早就出现了。中国人均GDP在1661年确实高于日本，而到1766年前后日本人均GDP高于中国。也就是说，在明治维新以前，日本人均GDP已经高于中国，它不是明治维新以后才出现的一个新局面。

从国家的汲取能力来讲，日本人均税收从1650年到1850年虽略有下降，但基本上维持在同一条水平线上，也就是国家的汲取能力没有明显的下滑。但中国人均税收是急剧下降的。中国香港科技大学一位教授就在研究这个问题。根据他的计算，中国的人均税收负担在宋代的时候达到0.8，从明代开始就逐渐下降，到清代时下降的趋势更为明显，这充分说明中国的汲取能力在减弱。税缴得少了，老百姓很高兴，但导致的结果就是国家手里没钱，没有能力去做很多事情。所以，从数据来看，早在1850年以前，日本的汲取能力已经高于中国。在18世纪、19世纪上半叶，中国的汲取能力持续下降，这使得中日两国在国家汲取能力方面的差距急剧扩大。

较强的国家能力，也许可以解释日本为什么比中国的现代化稍微早一点。在德川幕府时期和明治时期，日本政府可以提供更多、更好的公共物品，如道路、桥梁、港口、灯塔、消防，还有赈灾。而且因为有大量税收，国家能够更有效地组建军队来镇压国内各种势力对改革开放的阻挠。反过来，不断下滑的国家汲取能力也可以解释为什么中国的现代化起步比日本要晚。

以道路为例，当时的中国和明治维新以前的日本相比，中国道路比日本长。但是论道路的密度则要比日本低得多，日本道路密度是中国的好几倍，而且基本上到了明治时期已经把几个主要岛连起来了。大家都知道，中国有一条经验，是"要想富先修路"，说明基础设施建设在经济发展中是非常重要的。当时中国的铁路建设就已经落后日本很多，况且其中很多还不是中国人自己建的。

中日两国的强制能力也不一样。1850年以后，中国和日本都面临着外患，也就是来自西方的挤压，但是两国的回应方式截然不同。

当时的中国作为有着长期集权传统的国家，却因为无法对抗太平天国等农民起义开始走向分权。打败太平天国以后，想收权也收不上来了，被迫走向分权。而日本本来军权相当分散，结果却走向了集权。在明治维新时期的改革举措中，1871年的废藩置县非常重要，这相当于秦始皇的废封建置郡县，彻底终结了幕府体制。随着1872年日本陆军、海军成立，1873年日本推出了征兵制，用平民出身的士兵代替了武士阶级，建立了集中统一的常备军。而中国建立统一的常备军则是在新中国成立以后，比日本晚了70多年。而且差不多同时，日本建立了地方和全国性的警察体制，这也比中国早20多年。所以，日本在明治维新的初期就完成了国家对暴力的垄断，这一点比中国要早很多年。

今天我们讲明治维新，好像过程比较顺利，反抗比较少，而实际上一点都不少。明治时期，日本的农民起义跟德川幕府时期相比，每年的总量是上升的，但是因为已经组建了常备军，有统一的军事力量，所以农民起义很快都被镇压下去了。另外，日本当时命令大名取消私人军队，使武士阶级造反。但最长的一次也就持续了七八个月。有统一的、听指挥的常备军了，就可以为改革开放保驾护航。

日本近代军国主义之父、日本陆军的缔造者山县有朋曾说：维新大业成就以来，已有 40 余年，细想起来国运的发展主要靠武备的力量。以此可见国家强制能力的作用。

所以，不管从东西的大分流还是中日的大分流来看，晚清的国家能力十分有限。后来，新中国成立后出现一个大合流，就是我们开始赶上并逐步超过其他国家的时期。新中国成立以后的大合流正是因为在制定贯彻落实全国政策方面中国展现了前所未有的能力，由此以来第一次把中央政府的统治视角深入乡村一级。这一点，必须依靠国家能力才能解释，仅靠经济政策、改革开放未必解释得通。

三、其他地区的分流

最后，讲讲国家能力和其他地区的分流。比如，东亚跟其他地区的发展就不太一样，最早对东亚发展起来的解释完全是市场的解释。1990年我刚到耶鲁大学任教的时候，有一个老先生叫费景翰（音译），他是最早对中国台湾地区以及东亚的发展进行解释的学者。

他的解释就是完全靠市场，不是靠国家。但是，20世纪八九十年代一批年轻学者成长起来以后，发现事实根本不是如此，事实上国家起到了更大的作用。

对此，韩国也有人做了研究。他们认为韩国取得成就很大一个原因就是有一个强有力的国家，一个能够把政策落实的国家。这是以前麻省理工学院一个教授得出的结论。一名印度裔学者写了一本叫"State-Directed

Development"的书，在书中他比较了韩国、巴西、印度和尼日利亚四个国家的表现情况。他认为韩国经济发展的原因其实很简单，关键因素在于韩国有一个有效的、促进经济增长的政府。最糟糕的例子是尼日利亚，政府腐败而无效。巴西和印度处于两者之间，所以其表现也处于两者之间。这位印度裔教授开始只研究这四个国家，后来他把研究扩展到20多个国家，并画了一条曲线，用来说明国家能力指标和经济增长指标呈正相关的关系，国家能力在他的解释里也是非常重要的一个因素。

英国著名经济学家尼古拉斯·卡尔多从20世纪50年代开始就研究发展中国家的税收状况，他得出的结论是政府提高汲取能力其实没有什么内在的障碍，不管多穷，都可以提高汲取能力。中国就做到了。新中国成立三年以后，汲取能力就上升到税收占GDP的1/3。卡尔多在1963年时写了一篇文章叫作"Will Underdeveloped Countries Learn To Tax？"，明确指出国家的汲取能力非常重要。他说没有一个欠发达国家可以在一夜之间建立高效的公务员队伍，因为他们缺乏人力资源和资金，但很多人没有认识到税收是切入点，如果他们专注于此，将会掌握其他手段。

所以，国家能力与经济发展水平也许并不是一个经济发展为前提、国家能力是结果的关系。恰恰相反，很可能是先要培植比较强的国家能力，后面的经济发展才会比较顺利。在有强大国家能力的基础上，改革开放才可能取得成功。

应该说，中国过去 70 多年取得了巨大成就是非常不容易的，因为我们的原始积累没有走西方走过的大规模殖民主义、大规模奴隶贸易的道路。但我们依然靠着自己的努力，70 多年就走到这个台阶上，我觉得是了不起的成就。中国能做到，其他的发展中国家也能做到，关键在于如何培植起自己的国家能力，这就是中国复兴的世界意义！

全球危机与中国的乡村振兴

温铁军

"三农"问题专家、中国人民大学教授。

一、经贸摩擦背后的金融较量

大家普遍认为目前的"中国威胁论"缘于贸易，其实我们应该从更广泛的视角去解构这一现状，关注自 2008 年美国发生金融危机之后的一些变化。金融危机爆发之后，东北亚被称为"西太平洋的美元湖"。东北亚是指中国、日本、韩国，这三个国家是世界最大的美国债务国、贸易盈余地区。巨大的贸易盈余转回来去投美国国债市场，由此形成了美国国债的利息率比较低。这得益于中国、日本、韩国的巨额贸易盈余向美国长期的投资。当金融危机爆发之后，三国都意识到危机，于是出现了"东盟 +1"。因为中国的区内贸易很大，"东盟 +1"意味着我们能用自己的本币做结算。随后，韩国跟进成立

"东盟+2",美国跟进成立"东盟+3",之后,当亚洲各国特别是东亚这一片工业化地区准备用自己的本币做结算,也已经开始讨论何时推出亚元时,美国开始高调返回亚太,中日之间的钓鱼岛争端、中国与东盟之间的南海争端等开始变得频繁。

亚洲本来具有区域化整合的条件,2013 年,中国提出"一带一路"倡议,100 多个国家纷纷与中国签订双边货币协定。然而,在这个过程中,美元作为世界结算货币的地位可能受到潜在影响。由此,贸易摩擦关注的问题不仅是贸易,真正有意义的谈判是中国在多大程度上能够配合美国继续维护美元作为世界结算货币或世界储备货币的地位。

2008 年国际金融危机以后,美国连续推出三轮量化宽松政策,结果是向世界输出通货膨胀,而世界通货膨胀的发生最终会反过来引发金融资本的危机。沃勒斯坦理论提出,世界在资本主义的历史阶段中分为核心、半核心、边缘地区。在金融资本遭遇到核心地区的危机后,金融资本就会自主调整。2013 年 10 月 31 日之前,以美国为首形成了西方六个核心经济体（美国、英国、日本、加拿大、欧盟、瑞士）并建立了本币之间的近乎同盟的关系，形成了金融资本的新核心。其功能是，六个国家中的任何一个国家发生流动性短缺、存在金融资本危机的时候，或爆发危机之前，所有其他核心经济体本国的流动性都会共同成为这个资金短缺国家的流动性。也就是说，经济体同盟的任何一方都不会再出现因流动性短缺而爆发的金融危机，并且利率以没发生流动性短缺的国家的利率为标准。这就意味着即使中国减少了对美国国债市场的投资，即使美国拥有的外国投资总量下降，美国还是可以依靠与六国签订的协定保证其流动性不发生短缺，维持其在国际金融资本中的主导地位。

二、金融危机下的逆周期调节

在应对复杂的国际形势上，中国已经有过一些经验。1997年亚洲金融危机之后，我们面临着外需陡然下降的情况，当年外贸对GDP的贡献超过一半以上，同时，国内出现过第一次生产过剩。北京大学林毅夫教授提出，中国面临着生产与劳动力双重过剩中的恶性循环，建议借鉴罗斯福新政，如通过用国债投资新农村建设促进经济发展。在此情况下，中央紧急启动投资拉动发展的战略，对于中国在世纪之交走出一条不同于其他发展中国家、发达国家的道路有一定积极意义。

我们遭遇到的第二次生产过剩危机也是外部因素引发的，随着2008年国际金融危机爆发、2010年欧债危机爆发、2011年和2012年原材料生产国原材料价格下降等事件的出现，中国经济发展面临下行风险。在国际金融危机爆发之际，面对的恰恰是第二轮生产过剩。这要从中国如何变成世界工厂说起，中国从1998年开始大规模投资基本建设，而1999年中国就开始被部分西方国家视为威胁，中国经济在那时能够实现快速发展，除了自身因素，也恰逢世界经济环境的变化。2001年，美国爆发经济危机，大量资本流出，而当时中国是发展中国家中生产要素价格最低、基础设施条件最好的国家，因此吸引了大量外资流入。尽管中国在1998年也遭遇严重经济危机，但是随着美国新经济泡沫的出现，2003年中国成为外商投资第一的国家。中国有着良好的基础设施条件，外部投资可以直接进入中国并且把装备制造业搬进中国，便于就近占领中国市场并形成完整的工业体系。在此条件下，中国大力发展总部经济，经济形势逐渐好转，这就是中国经济发展的客观过程。2008年，华尔街金融危机爆发，中国在工业化发展的高涨时期却突然遭遇全球需求的下降，导致了中国的第二轮生产过剩危机，并在2012年以后爆发。当经济进入衰退期的时候，是应该进行逆周期还是顺周期调节？逆周期是逆经济周期，其实它是政治经济学中的概念，体现了国家信用的重要性。例如，在这个过程中，国有银行执行国家宏观调控政策，银行的资本金80%以上来自国家，国家是银行第一大股东。尽管出台了《中华人民共和国企业破产法》，但有谁相信80%资本金来自国家的银行会破产？而非国有的中小银行很难吸存，只能做中间业务，所谓的融资乱象是在这个阶段做顺周期了。国有资本金代表着国家的长期信用，为了维持长治久安而采取国债、货币两个手段来扩张国家长期信用。国债代表的是国家政治稳定的长期信用，我们用国债搞建设，尽管负债很高，但我们的负债叫作建设性负债，负债对应的是资产。对应第一轮生产过剩，我们建设了全国高速公路网，对应第二轮生产过剩，我们建设了全国高速铁路网，这都是资产，所以叫作建设性负债，并具有积极意义。比如，中国遭遇到两次输入型经济危机和两次生产过剩，但资本主义一般内生性矛盾没有发生在中国。我们如何实现马克思主义中国化，如何能够讲好中国故事，这是我们的历史责任。

大多数顺周期的深化改革政策都在中国面对经济危机的挑战之下出问题了。随着虚拟经济泡沫化，房地产的泡沫化越来越严重，这导致地方负债和房地产捆绑在一起。我们说逆周期只有国家使用长期信用工具来增强对私有化的制度挤出才能真正实现，否则私有经济一定朝着顺周期方向发展。

三、政治权力向纸币体系赋权的中国金融体系

在金融资本的竞争中，中美两国分别代表两种不同的金融制度。我们的金融是怎么制造出来的？金融的唯一来源，是政治权力向纸币体系做赋权。只有国家政治稳定，才有对货币体系做赋权的条件。苏联解体的原因之一在于拒绝货币化，在实体经济阶段，可以直接实现实体经济收益的最大化，所以拒绝货币化。当苏联解体的时候，其采取政治改革优先的措施，而政权解体导致货币体系坍塌，外资大量进入洗劫苏联的实物资产。

中国反思了苏联解体的教训，从 1992 年开始发展期货市场、房地产市场，尽管我们经历了通货膨胀的过程，但中国货币化的速度急剧上升，因而中国有机会用实体资产尤其是资源性资产通过货币化来吸纳货币，实现了快速发展。同时，中国政治信用通过国债和货币两个手段实现扩张。中国是货币总量和工业产量第一的国家，在这种情况下中国逐渐增加使用人民

币与周边国家推进双边贸易协定，与美国的做法相同。美国是世界最大石油进口国，美国与石油输出国签订协定，使用美元进行结算，原因之一也在于美国是世界上最大的粮食生产国和出口国，美元具有稳定性。在此情况下，中国与美国在货币使用上产生了竞争。

事实上，中国的金融体系是国家使用政治权力向货币和国债进行赋权而形成的信用体系，而美国联邦储备系统是由私人银行家组成的机构，是私人银行家使用个人信用做赋权的体系，主要遵从私有资本规律，国家在其中发挥配合作用。这种情况与中国正好相反，我国建立了金融领域的委员会和中央人民银行，由国家向货币体系赋权。比如，2015年，因为深化改革带动大量资本进入，造成多空大战，我国股市陡然下跌。在此情况下，中央要求国企集中投入股市，这一举措使得很多投机资本被套牢，空头预期的下跌被截杀了，避免了股市危机的发生。这种方法也许不符合传统的市场经济原则，更不符合西方普遍的经济学教科书，但是救了中国，这就是我们的制度。如果中国想加入国际资本俱乐部，当然会有不同制度的根本性碰撞，这种不同可能会带来一定的威胁。目前，中国的四大银行全部排在世界前五大银行之列，五大银行中只有一家是美国的。需要说明的是，上述各个方面最终都导致中美双方在金融资本的制度竞争上存在对抗性。

四、迥异于殖民化大陆的中国乡村社会

理解中国的经济发展模式，需要从历史维度、国际背景比较等方面出发。第二次世界大战期间和第二次世界大战后迅速崛起的国家，基本上采取发展主义的路径实现现代化，即宗主国通过殖民扩张形成原始积累。当时，几乎所有发展中国家都以这样的现代化为目标。然而，所有沿着发展主义道路前行的发展中国家，从第二次世界大战结束到现在，很少能够实现成功发展，很少能够实现如西方宗主国一般的现代化、工业化、城市化模式。这些发展主义中存在的问题需要一个合理的解释。形成鲜明对比的是，中国成

为发展中国家中工业化产品最丰富、产量最多、产业门类最齐全的国家。同时，也有很多人认为中国工业化发展超前、城市化发展滞后，但很少有人提及部分城市化超前的发展中国家深深地陷入了"城市化泥潭"和"城市化陷阱"。目前，大多数发展中国家的困境向主流发展主义理论提出了挑战，如按照发展主义理论，大家认为工业化一定会带动城市化，工业化和城市化的结合一定创造内需拉动增长等。事实上，许多发展中国家的城市化速度越快越难以进入工业化。最典型的就是已陷入严重危机的委内瑞拉，以及拉美地区的许多其他国家。

不同于殖民化大陆，亚洲是维持了几千年的原住民大陆，具有独特的政治、经济、社会制度等，不能简单机械地根据西方的理论、西方历史中形成的概念来分析亚洲社会。中国是一个有着长期历史延续性的乡土社会，因为男耕女织的家庭分工，客观上降低了成本，有效地配置了劳动力资源。内部化的要素配置比外部性的要素配置更为有效，家庭内部化的分工是高度有效的。如果财产占有最终体现为收益分配，家庭内部因为财产关系的同一性而分工明确却并不产生收益的倾斜。农村内部的生产生活状态叫作"百业"，而当用发展主义的制度路径去解释时，才将农业作为第一产业。在漫长的1万多年的农业发展过程中，农业从来不是第一产业，而是"三产"结合。农村社会因不同的生态条件而形成了不同的生活，不同的生活依存于不同的资源，对这些资源的可持续利用就是农业。因此，在国际学术界长期有定评，中国的乡村社会，因为其自身的内部化形态而实现长期可持续发展，并用最少的资源支撑了世界最大规模的人口。

中国是人口规模最大的原住民大国，在农业领域很难与殖民地大国竞争，因为殖民地大国意味着原住民人口的大规模消减。以美国为例，欧洲人大规模地消灭了原住民，当时，一个原住民的头皮价值35美元，一英亩土地5美分。这也是美国为什么有大农场，为什么美国是世界农业产量最大的国家，为什么美国平均农场规模是我国的许多倍。美国的原住民被大规模消减，最后只剩下52万人。我专门到亚利桑那州原住民保留地与他们做过长谈，他们现在仍然认为与美国有过协定，这个国家还是他们的，但对于欧洲人而言，当时占有原住民的财产是天经地义的。在美洲、澳大利亚，大农场制度基本都在外来殖民者占有资源的基础上形成，并将农业生产称为第一产业。如果我们将大农场作为中国农业现代化的发展目标，请问，我们是不是太不了解历史了？我们是原住民大国，维持着 1.2 万年的原住民农业，能与殖民地大国进行农业竞争吗？过去农村是典型的生态系统，1 万多年生于斯长于斯。什么叫作乡村振兴？为什么它是复兴的概念？为什么一定要是乡村？十年树木，百年树人，"村"是"木""寸"两个字组成的，是要一点一滴去积累财产。乡村振兴本身就意味着我们万年农业文明的传承，中华民族上下 5000 多年的文明之所以没有中断，靠的是乡村。

片面追求农业规模化、把农民变成产业工人的政策倾向是比较教条的。韩国与日本虽然都是现代化国家，但仍然实行小农制，并在小农制的基础上增加了一个高度垄断的、"六产"融合的农业协会，以保护农民利益，防止任何竞争。农业协会是全方位垄断组织，如在日本，至今没有农村之外的企业能够进入农村参与经济竞争。日本的农村金融占全国金融的近30%，处于高度垄断状态，不允许与农村竞争。同时，国家对农业免税，产生的全部收益50%以上返还农民，尽管农业人口年龄老化，也只允许自然人进入农业。这是适合东亚农村原住民社会的农业政策。另外，宗主国跟殖民大陆一样吗？欧洲的农业政策，欧洲的绿色主义为什么兴起？因为农村基本都是原住民。这些地方不是殖民地，没有被外来殖民者占领。尽管欧洲大量向外输出人口，但农村基本上仍是原住民。因而，我们也不能照搬原殖民地大国的农业政策。

五、乡村振兴的资产货币化功能

面对国际上的挑战、国内各类现实问题，中国主要从三个方面进行发展，即"一带一路"、亚洲区域整合、乡村振兴。2005年，我国就提出了新农村建设，基本做到了在行政村一级实现"五通"：通路、通水、通气、通电、通宽带。现在，乡村振兴要在自然村一级得以实现。我们现在还有300万个自然村，这是巨大的空间。这个空间最大的好处是，当实现基本建设的完善时，自然村的资源性资产即生态资源的价值实现形式将呈现多样化的特点。小农经济通过综合性合作社、集体经济实现农业现代化，讲的就是这个道理，因为资源性资产归属村域范围内的所有村民。如何让村民富起来？只有当资源性资产变得可交易，农民才能真正得到资产收益。资产收益不是占有资产，而是占有资产交易的收益。从这个角度来说，当进一步推进乡村振兴时，只有通过"六产"融合的发展方式才能带来资源性资产的大幅增值。如果只发展第一产业，农村就只能种地。

关于乡村社会的发展，现在一直在讨论一个问题：农民为什么穷？简单的答案是农业收入上不去，而这个答案是不完整的。如果将农业局限于第一产业，农民很难增加收入。在金融资本时代，当金融资本主导经济发展的时候，完成一个金融交易仅需 0.04 秒，完成一次结算仅需 0.6 秒，都是以秒为计量单位，但农业却需要一年才能完成一个经济周期。因而，按照一般的经济规律，资金作为追求流动性的要素就会离开缺少流动性的农业。这就是明显的产业目标错位，其现状就是所有商业化的金融机构把农民的存款像水泵一样抽走。经济学是不讲道德的，如果按照教科书般的经济发展规律，是不能解决这些问题的。

怎么理解这些问题呢？农业本不是第一产业，农民也不是第一产业的生产工人。我们讲"三农"问题，农民应该摆在第一位，现在的问题是部分农民难以拥有自主的发展权，不能自主地处置与自己生活相关的周边资源性资产，这些资产要被资本处置，之后资本再将农民变成雇佣工人，所以中国"三农"问题中的核心问题是农民，怎么让农民重新获得自主发展的权利。

按照过去的思路，土地只能用于农业，不能干别的，那就没有"六产"收益，资源性资产被定为最低的价格。而当土地用于"六产"的时候，会随着不断的产业升级而出现再定价。每一次再定价都会带来再定价收益。现在已经没有多少农民愿意放弃农民身份、农民户口了。为什么？因为资产是农民的。越来越多的农民感觉身边的山水田林湖草是属于他们的资产。过去城市的房子是普通住宅楼，几千块钱1平方米。但现在，如果地铁修到楼附近就变为几万块钱1平方米。因而，只要基本建设进入农村，农村大量资源性资产就会得到增值机会，农民会成为所有者主体。让农民重新得到自主发展权利，要靠推动集体经济参股注资的合作社经济。这样就能将现在过剩的金融、产业资产与乡村社会的发展结合起来，变成一个积极的过程，不再是消极的过程。

2005年新农村建设以来，中央已向农村投资了十几万亿元，相当于两万多亿美元，这在世界上都是少见的。随着国家投资垫付机会成本，大量资本开始下乡。房地产公司大量下乡，只要有一片比较好的山水田林湖草的农村，都已经被房地产商选中了，很大程度上是因为农村的景观资源资产。只是由于土地指标的限制，房地产公司不能享有土地所有权，只能选择租赁或不平衡地去交易。随着互联网下乡、中小企业在农业生产区创业，中国进一步实现城乡融合。在乡村振兴的发展中，可逐渐实现能让中小企业在乡村创业并且形成创新空间的发展过程，创业在乡土社会中发生，企业不可能只是独占利润。同时，中小企业创业也可以分享机会成本，即已经被国家支付过的机会收益空间。这种发展将会引发中小企业转型为社会企业的新趋势。在城市，我们该采取降杠杆的策略，而在农村，可以通过集体经济的杠杆化投入在乡土社会实现经济的加杠杆，农村大量资源没有转化成资产，足以让大量资金进来加杠杆。面对经济危机，我们该怎么做逆周期？我认为就是在农村加杠杆，集体经济就是加杠杆的空间。如何让农民成为主体？首先需要补上"短板"。当下，乡土社会最突出的发展不充分是由于长期去组织化，农民的组织、文化、社会发展不充分。近20年，我们的研究团队一直在研究如何能够帮助农民进行自我组织、自我发展、自我赋权的工作，帮助农民获取自主发展的机会。

面对国际挑战，中国要练好内功，发展乡村振兴就是中国经济与社会持续稳定发展的基础。中国在国际竞争中是否能真正立于不败之地，不仅取决于在国际上的得失，同时在很大程度上取决于国内是否稳定发展。在社会稳态和经济稳态中，经济稳态是进行大量的基本建设投资扩张实体资产，实体资产的扩张意味着对应的货币资产可以进一步扩张。只要是建设性投资，货币总量就还可以扩张，只要货币资产和实体资产都在扩张，对应的债务就是分子，它就会缩小。

因此，不要人为地去做空，而是要看有没有条件进一步扩充实体经济。中国是一个没有完成资源性资产货币化的国家，并且也没有完成企业化资产的资本化。因此，我一直不主张金融开放，希望用中国自己的货币来完成资产的货币化。目前，我国大量的资源性资产还不可交易。

例如，我到南方山区做调研，在一片红豆杉林里，我问农民一年增值多少，发现比资本市场任何投资的增值都要高得多。如果将其发展为一个基地呢？请问，资产价值是多少？是否可以交易？是否可以将多片林子的资产集合在一起然后上市呢？完全可以。在我们没有完成这些事情之前，为什么要让其他货币来货币化我们的资产呢？如果我们坚持用中国的主权货币来货币化我们的主权资产，完成货币化，那就会带来相当大的货币增量。这些增发的货币有对应的价值，价值就是我们的实体资产，它不是虚拟的。因此，中国的经济金字塔可以不断扩大，这样会使社会成为金字塔。我国农民是相对贫困而不是真实贫困，他们是有资产的，只要允许将资产变成可交易的，他们就是小有产者，这就是我们的社会基础，这个社会将是长期稳定的。同时，我国的中等收入群体正在崛起，他们将引领消费，需要将他们引导到绿色主义上。同时，引导绿色组织发展有机农业、推进生态化建设。

中国要练好内功，而抓好乡村振兴是 21 世纪中国持续稳定发展的基础，因为乡村振兴能够大量吸纳我国的主权货币，增发信用形成的增量将会被乡村振兴带动的资源转化成资产，资产的价值会实现多样性，最终和资本市场结合。大量吸纳进入金融资本、不断扩张信用资产的过程，是辅助的、能撑得住的过程，这取决于政策安排是否合理。当经济、社会的双稳态结构的目标达成，面对再严重的国际挑战，我们也是有底气的。

中国法治道路与法治模式

——全球视野与中国经验

强世功

北京大学法学院教授,中央民族大学副校长。

党的十八届四中全会提出建设中国特色社会主义法治体系、建设社会主义法治国家的战略目标，预示着中国法治会立足中国本土实践，走出一条不同于西方资本主义的法治道路。然而，学术界对中国法治的主流观点始终以西方的论述为标准。这就导致了中国法学理论"表述"与中国法治"实践"之间形成错位。虽然中国法治理论吸收了西方法治理论的许多有益要素，但如何从理论上准确地概括中国法治的实践，从而讲述"中国法治故事"，形成一套符合中国法治实践并能指引法治发展方向的中国法治理论话语体系，始终是中国法学理论必须面对的重要问题。要真正从理论上概括和提升中国法治实践，不仅要总结中国本土法治经验，更要具有全球视野，恰恰是在全球法治发展道路和法治发展模式的比较研究中，我们才能真正提出形成一套具有影响力的中国法治话语体系。本文正是从现代法治理论的学理出发，基于对全球视野和中国经验的把握，来探讨关于中国法治道路和法治模式的理论表述。

一、学理：重新理解"法治"概念

（一）"法治"：一元主义还是多元主义

"法治"在英文里对应"the rule of law"，这个概念关键是如何理解"法"（law）的含义。"法"（law）在拉丁文、德语、法语、英文和中文中都具有双重含义。一方面强调具有"正当""权利"的含义，另一方面强调作为具有强制力的"规则"和"标准"。前者从广义上指所有指导人类共同生活、为人的行为提供遵从的依据，从而提供稳定行为预期的形形色色的法则；后者则仅限于国家制定和认可的法，是由国家制定、认可并由国家保证实施的规范体系。在中国政治法律传统中，前者往往是指"法"，后者往往是指"律"。春秋时期法家的代表人物管仲强调"法律政令者,吏民规矩绳墨也"(《管子·七臣七主》),实际上是强调"法""律""政令"之间的并列关系。因此,在中文语境中,"律"指国家制定和颁布的律法,早期是"律、令、格、式"等形式并行,明清以后慢慢转变为律例体系;而"法"的使用则更加宽泛,如荀子强调"法者,治之端也",老子主张"道法自然"等,都是从"正当性"的层面来使用,超越了"律""令"等国家法的范畴。因此,我们回归文字本意去理解"法治"时,必须回应一个基本问题:通常意义上的"法治"究竟是"法治"还是"律治"?从目前学术界所讨论的"法治"看,往往是在"律治"的意义上理解"法治",从而一说到"加强法治",就想到国家立法,想到司法改革,实际上都是在"律"的层面,也就是"国家法"(national law)的框架中打转转,其实质乃是强调"律治",而非"法治"。那么,与之对应的"法治"究竟说的是什么呢?当然就是指向一种具有正当性的多元法治,党员服从党章就是具有正当性的,村民服从乡规民约和习惯法也是具有正当性的。这就意味着"法治"的真实含义乃是基于"法律多元主义"（legal pluralism）的立场，强调习惯法、国家法、党规党法、道德伦理、自然法等这种多元主义的法律理念共同推进的治理。在这个意义上，"法治"这个概念的英文翻译应当是"the rule of laws"，是多种法律的共同治理，而不能仅仅依赖国家法。

因此，当我们讨论法治的时候，我们应当区分两种法治观念。一种是国家法一元主义，这种观念指向的是"律治"。而真正的"法治"概念乃是多元主义的法治观。从国家法一元主义的法治观来看，党的路线、方针、政策——如《中共中央关于全面深化改革若干重大问题的决定》，因为不符合"国家颁布和制定的"法律的基本构成要件，所以自然不认为是法律，也不属于"法治"的范畴。然而，如果从多元主义的法治观来看，党的政策在中国无疑具有规范正当性，政策所发挥的效力比国家法律还要大，当然属于国家法治体系的一部分。事实上，党的十八届四中全会提出将党规党法体系纳入国家法治体系中，就是秉持一种多元主义的法治观。

由此可见，我们要理解法治，需要坚持法律多元主义的视角，而不能陷入西方实证主义法学派法治观的窠臼，将法治仅仅局限于国家正式制定的、具有韦伯所谓的形式理性特征的国家法，局限于国家法一元主义。我们必须看到，道德伦理的自然法层面、国家法层面，甚至民间习惯法层面等方方面面的多元法律渊源，相互促进，共同发挥规范行为的作用，这样一种生动活泼的多元治理局面才可以称为"法治"，而不是以"法治"之名建立一个韦伯所谓的"铁牢笼"式的律治国家。

（二）"法治"：普适的还是地方性的

尽管国家法一元主义的法治观有中国古典法家的思想渊源，但实际上是欧洲资本主义发展的产物，其中有相当强的启蒙主义的要素。在此之前，欧洲中世纪也是秉持一种多元主义法治观，基督教的永恒法、理性自然法、君主的律法、封建习惯法以及商法等共同构成法治的基础。然而，伴随着主权国家的兴起，罗马法复兴运动和法律科学的兴起,特别是在古典自然法学派中,认为法是人类理性建构起来的,因此应当是普遍性的、一般性的、永恒不变的。正是从这种理念论的角度出发,人类社会的法应当是对于普遍理念的"模仿",严格依循理念建构出来的法应该都是一模一样的。因此,法律是可以具有普遍适用性的。所谓"良法",也就是基于自然权利理论形成的法律体系应该是一致的,法律的移植也因而成为可能。这种法治理论以及由此构成的西方法治模式成为西方中心主义的重要组成部分。

然而,如果我们不是从启蒙主义的理念论出发,而是从唯物主义的立场或法律社会学基本观点出发,就可以认识到,法其实是人类历史的产物,是地理、经济、政治、文化的产物,地理、气候、土壤、贸易、风俗、宗教等都构成"法的精神",不同的历史文化环境,不同的经济发展阶段,都会形成不同的法。法不是自上而下对理念的模仿,而是从社会生活中自下而上生长出来的，是一种"地方性知识"[①]。19世纪的历史法学派、法律社会学，20世纪的文化人类学都秉持这种观念，甚至连新自然法学说也不再强调法的永恒不变性，承认每一个国家、每一个地区、每一个时代都有自己独特的法，即法的地方性。

中国法治的构建经历了法律移植论和本土资源论两种倾向的争论[②]，这种"体""用"之争的焦虑从清末法治改革以来就一直隐含在中国的法治建设实践中，而这背后其实是唯心主义和唯物主义历史观与世界观的分野。在今天，中国要构建自己的中国特色社会主义法治体系，就意味着打破普适主义法治观，坚持唯物主义的立场，从中国自己的生活实践出发，强调法治的地方性特征，建构与我国的经济、社会、文化和历史相匹配的法治，去探究中国法治建设的本与纲。

(三)"法治"：名词还是动词

在主流的解释中，"法治"往往被理解为一个名

[①] 梁治平：《法律的文化解释》增订本，生活·读书·新知三联书店1994年版，第126页。
[②] 何勤华：《法的移植与法的本土化》，《中国法学》2002年第3期。

词，被理解为"法"拥有最高权威的统治状态，由此整个法治建设就会高度关注立法。法治也因此被构想成为一个自动运行的法律机器，法律一经制定，只要避免干预，就会自动运行，可以实现预期的治理目标。由此，"法治"往往与"人治"对立起来，"人治"被认为是对法治的破坏。这种法治观念支持了法律移植论，认为只要我们在立法时系统学习西方法律，把西方法律制度引进来，中国的法治也就建成了。

然而，"徒法不足以自行"。"法治"更应该作为一个动词。用美国法学家富勒的话来说，"法治是使人类行为服从于规则之治的事业"①。国家制定的法律仅仅是"纸面上的法"，如何让这些"纸面上的法"变成"行动/诉讼中的法"才是法治的关键。让人的行为服从于一个规则，这是一项事业，不可能一劳永逸，正所谓法治永远在路上，永远需要人为的努力。因此，人治和法治从来不是矛盾的。西方法理学也始终强调

---

① ［美］富勒：《法律的道德性》，郑戈译，商务印书馆2005年版，第124—125页。

法律职业群体的能动性，"法治"甚至被理解为"法律人之治"（the rule of lawyers）。特别是在英美普通法传统中，法官更是在法治中发挥着主导作用，以至于美国法学家德沃金主张："法院是法律帝国的首都，法官是帝国的王侯。"①

二、历史：中国法治道路的钟摆现象

清末变法以来，中国法治道路经历了一个曲折的过程。如果以多元主义法治和一元主义法治的分野去理解中国法治，会发现中国法治道路中有一个非常明显的钟摆现象。

（一）清末法律改革：一元主义法治观的开端

在中国古代的漫长历史中，"法"一直是多元主义的含义，既有以"律法"为核心的刑罚体系，也有以"礼法"为核心的礼教体系，同时，宗族法、习惯

---

① ［美］德沃金.《法律帝国》，李常青译，徐宗英校，中国人百科全书出版社1996年版，第361页。

法、乡规民约等都在一定程度上发挥规则治理的作用，是"礼法合一"的法律多元主义传统。清末变法伊始，由沈家本和伍廷芳主持修订法律，坚持以"会通中西"为修订法律的原则，引进了很多西方现代法治理念。在这个过程中，我们第一次学习了西方的一元主义法治观，强调以国家法为中心，构建国家法律体系，而"礼"的部分或被废除，或被吸收在国家法中。在此基础上，国民党政府颁布的《六法全书》可谓国家法一元主义的集大成者，在制定过程中大量移植了外国法典。从此，国家法、立法乃至法律移植在"法治"理论和实践中占据了核心的主导地位。国家法一元主义的法治观在中国开始形成。

（二）新中国社会主义法制传统：法律多元主义

在中国共产党领导的根据地，从一开始就秉持一种多元主义的法治理念。这种观点首先就批判从西方移植而来的法律脱离中国农村的实际，变成了一种本本主义和教条主义。在此基础上，中国共产党坚持从实际出发，发展出一套包含政治信念、路线、方针、政策、纪律、规章、法令、习惯等多元主义的法律规范。正是依赖这种法律多元主义体系，中国共产党对中国社会进行了前所未有的改造，推动中国社会从封建社会向现代社会的转型。在此期间，虽然中国共产党也颁布了与土地革命、婚姻自由等相关的条例、规则，但中国革命的核心依靠的并不是政权所颁布的法律，而是依靠意识形态宣传和政治信念的动员。这从根本上否定了启蒙思想理念的法律多元主义，法律不是对理念形式的完美模仿，而是来自群众的经验。

根据地时期中国共产党在法治上走的是群众路线，最典型的就是众所周知的"马锡五审判方式"，不强调法庭中心主义，而是深入群众，调查研究，实事求是地进行调解或审判。这显示出，当时中国共产党已经敏锐意识到，解决中国社会的治理问题不是靠法律诉讼，而是靠多元主义的解决纠纷方式，靠政策、制度以及人的因素去强化法的实施和落实。因此，新中国成立后，在法治方面首先废除了国民党政府的"旧法统"，即《六法全书》。在立法方面，仅颁布了《中国人民政治协商会议共同纲领》，发挥了临时宪法的作用,确立了政权的合法性,同时制定了其他少量的法律。而更多的政治和社会生活领域,还是靠政策、制度等多元主义的法治模式来进行调整。

(三)改革开放:"接轨论"下国家法一元主义的复兴

改革开放以来,伴随着"人治"和"法治"的大讨论,历史的钟摆又转向了国家法一元主义法治观。一方面,中国法治的建设原则被确定为"有法可依,有法必依,执法必严,违法必究",这一切都围绕国家法展开,围绕立法工作、建设中国特色社会主义法律体系展开;另一方面,伴随着中国特色社会主义市场经济的建设,在"市场经济就是法制经济"的引导下,中国开始大规模学习和借鉴西方市场经济的法律体系和法律制度,特别是在中国加入WTO的背景下,中国的法律体系和法律秩序必须与西方发达国家的法律体系和法律制度进行"接轨",帮助中国市场经济融入全球市场经济体系。正是在这种国家法一元主义法治观的推动下,中国法治建设蓬勃发展,尤其是立法工作取得重大进展。2011年，全国人大宣布中国特色社会主义法律体系已经形成。截至2018年，我们国家已经有法律269部，行政法规680部，地方性法规8000余部。经过短短几十年的努力，中国立法工作走过了西方差不多几百年的立法道路，为中国法治建设奠定了法律基础。然而，这种过度强调国家法一元论的法治观也带来诸多问题。

其一，在国家法一元论的背景下，法治仅仅强调国家宪法的权威，由此就产生将全国人大看作是"橡皮图章"的错误论调，并将"党的领导"与"依法治国"对立起来，甚至提出"党大"还是"法大"这个伪命题。党和国家的关系是什么？党的领导与依法治国的关系是什么？党章和宪法的关系是什么？这些重大理论问题成为中国法治建设必须面对的难题。

其二，在"与国际接轨"的背景下，国家法一元论往往强调学习西方的法律秩序，但忽略对中国历史文化传统的包容，以至于普遍形成国家法与民间习惯法相互矛盾和对立所产生的"秋菊的困惑"①。

其三，国家法律原本是人们行为的底线，然而由于国家法一元论的法治话语占据了道德制高点，导致"法律"标准强于甚至高于道德伦理价值，以至于国家法律以外的行为规范或准则，特别是社会主义革命以来逐渐确立的政治信念、道德伦理、风俗习惯日渐被模糊、消解、边缘化，加剧了社会的道德危机、文化危机和信任危机。②例如，前些年见义勇为日渐成为一个难题，因为法律对于正当防卫的界限严格导致见义勇为在法律框架之内没有空间。在这种背景下，无论国家为见义勇为设置多高的奖励，都没有人愿意去见义勇为。直到近年随着"于欢刺死辱母者案""昆山反杀案""福建赵宇案"等一系列社会热点案件的出现，最高人民法院开始积极进行案例指导，试图平衡见义勇为、自力救济和防卫限度之间的张力，并决定从 2019 年开始修订相关的司法解释。见义勇为原本作为社会的基本道德价值追

---

① 关于"秋菊的困惑"引发的争论，见苏力：《〈秋菊打官司〉案、邱氏鼠药案和言论自由》，《法学研究》1996 年第 3 期；强世功：《批判法律理论的谱系——以〈秋菊打官司〉引发的法学思考为例》，《中外法学》2019 年第 2 期。
② 强世功：《"法治中国"的道路选择——从法律帝国到多元主义法治共和国》，《文化纵横》2014 年第 4 期。

求，最终却不得不通过法律途径予以解决。这个吊诡的现象恰恰是由于国家法一元主义对道德空间的挤压。在这种背景下，每个人都不想承担社会责任，逃避法律责任，本应作为社会底线要求的法律，最后却变成了社会的主导价值观。

可见，片面强调国家法的权威地位，会导致党规党法、道德和社会习惯等其他规范面临失灵乃至停摆的风险，导致法治发展与社会失范并行的悖论，越强调法治的权威，越会导致政治权威和道德权威的丧失。同时，片面强调国家法一元论导致法院成为唯一的纠纷解决中心，各种社会规范纷纷涌入法院，法院不堪承其重，反而损害了司法的权威，并进一步将社会纠纷解决的治理问题转化为政治体制问题，依法治国与党的领导之间出现了前所未有的紧张关系。

（四）全面依法治国新时代：重返多元主义法治观

党的十八大以后，中国法治道路迎来了全面依法治国的新时代。尤其是以党的十八届四中全会为标志，法治建设着力解决改革开放以来国家法中心主义所带来的上述种种问题，在新中国成立以来开辟的多元主义法治观的基础上，全面建构中国特色社会主义法治。这尤其表现在以下三个方面。

其一，将党规党法纳入国家法治体系，从法理上解决了党的领导和依法治国的关系，党的领导不仅具有宪法上的依据，更具有党章所统率的党规党法上的依据。全国人大的"橡皮图章"问题也迎刃而解，因为全国人大作为最高国家权力机关依然要在党的领导下运行，这是由中国特色社会主义制度所决定的，由此党的领导成为中国特色社会主义法治的本质特征。党的十九大以后，全国人大修改宪法，把党的领导直接写进宪法第一条的正式条文里，以国家根本法的方式理顺二者的关系。

其二，明确了法治建设必须坚持多元主义的法治观。纵观党的十八届四中全会的决定，其中不仅明确了党规党法体系和国家法律体系的相互衔接的二元体系，而且还强调"市民公约、乡规民约、行业规章、团体章程、礼序家规"等社会规范与"社会公德、职业道德、家庭美德、个人品德"等道德规范相互衔接。可以说中国法治形成了党规体系、国法体系、社会规范体系、公民道德体系相互配合的多元主义法治格局。

其三，形成"以德治国"与"依法治国"相统一的治理观，打破长期以来"德治"（"人治"）与"法治"、中国古典传统与现代法治建设、道德建设与法治建设相互割裂甚至对立的旧法治观念。在此基础上，中央进一步作出将社会主义核心价值观融入法治建设的决定，重新将政治上的理想信念、文化价值观念和社会道德伦理置于法律之上，法律成为执行政治任务和道德要求的社会治理工具。

三、未来道路：重建中华法系，探索法治模式

（一）中国法治道路：融合三大传统，重建中华法系

当代中国法治在复杂的历史演变中经历了复杂的

嬗变过程，构成了三种法治传统耦合的复杂体系。

其一，中国古典的礼法传统。从商周时期经过春秋战国时期到秦汉时期，形成了中国文明所建构的天下大一统秩序，在经历佛教和异族统治的影响后，逐渐形成了儒释道互补的格局，共同奠定了古典中国文明秩序的核心价值。而这些核心价值贯穿于儒家的礼制体系和法家的法律体系中，从而形成了德主刑辅、礼法互补、道德与法律相互交织、成文法与判例法并重的中华法系传统。这种礼法传统尤其强调道德教化、风俗习惯对于法治秩序的塑造作用，强调领导集体的道德信念、人格楷模对于法治秩序的推动作用。

其二，西方现代强调国家法一元论的法治传统。自清末法治改革废除了中国古典法律秩序后，从清末到国民党政府，在法律秩序的构建上一直都注重吸收和移植西方现代国家法主导的法律体系，从而形成中国古典礼法秩序的断裂。改革开放以来的法治体系建设又开始全面重新借鉴国家法一元论的西方法治传统，强调国家立法的主导性、法律规则的内在逻辑性、法律专业集团的自主性和法院审判的独立性和权威性。

其三，新中国成立以来创建的社会主义政法传统。这一传统源于强调政治原则高于法律，法律服务于政治目标，服务于共产主义、集体主义的核心价值观；强调党对法治建设的领导作用；强调政策对于法律实施的重要性；强调法的原则性和灵活性的统一；强调人民群众广泛参与和法律专业化运作的统一；强调司法的法律效果和社会效果的统一。

党的十八届四中全会所确立的中国法治发展道路实际上就是在融合三种传统的基础上，基于党规和国法的多元主义法治理念来重建中华法系。其中，"坚持依法治国和以德治国相结合"的法治基本原则就是吸收中国古代礼法传统的有益要素；强调"公正是法治的生命线"，并按照法律理性化和程序化的内在逻辑来合理配置司法权，无疑是对西方现代法治传统的积极吸收；强调"法律的权威源自人民的内心拥护和真诚信仰"，强调"党的领导"与"依法治国"相统一，并将"党的领导"看作中国特色社会主义法治的本质特征，坚持人民群众在立法、执法、司法和守法各个环节中的积极参与,则是对社会主义政法传统的发扬光大。

(二)全球法治模式的发展:从"旧法治"到"新法治"

要理解中国法治未来的发展模式,必须区分现代法治发展所形成的三种不同模式。

其一,大陆法系国家立法主导的立法法治国,即由立法机构主导开展法典化的德法模式。中国清末法治改革以来,一直积极学习大陆法系的模式,强调系统化的法典的重要性。改革开放以来的法制建设传统,也是在大陆法系的框架下开展的,特别是民法和刑法等部门法,一直倾向于采用欧洲的法律教义学。

其二,普通法系国家法院主导的司法法治国,即由法官造法的判例法起主导作用,法院甚至行使司法审查的英美模式。中国改革开放40多年来,司法系统对于普通法系的法治传统也有吸收,在诉讼法的一些基本原则、模式和案例指导制度等方面,都有普通法系的影子。而在公司法、金融法和知识产权等领域，也更多吸收普通法的法治成果。

其三，20世纪兴起的行政机关日益扩张形成的法治新模式，凸显行政机构通过行政规章和公共政策来治理国家的行政法治国。20世纪以来，无论是使用大陆法系的欧洲，还是使用普通法系的英美，议会通过的法律或判例法在社会治理中发挥的作用开始下降，国家治理依靠大规模的行政规章和公共政策。新中国成立以来，中国的国家治理始终以党和国家的政策为主，自20世纪90年代以来，通过授权立法的模式制定了大量行政规章，以至于在国家法律体系中，行政规章的数量大大超过国家立法的数量。

在这三种不同的模式中，无论是立法法治国，还是司法法治国，都属于18世纪的"旧法治"，这两种法治模式经济上建立在自由资本主义的基础上，政治上建立在严格三权分立的基础上，行政权仅仅属于"执法权"。然而，随着20世纪西方在经济上进入福利国家时代，在政治上政党政治开始兴起，新兴的行政法治国模式开始取代传统的立法法治国或司法法治国模式。一方面，政党政治兴起将传统的三权分立变成"政党—政府"或"政治—行政"的两权分立,即政治决策权掌握在政党手里,政党通过控制议会将政党的意志变成法律并颁布,行政机关和法院都是执行政党意志的工具;另一方面,随着社会治理事务的日益庞杂和精细化,议会立法已不能对复杂的社会关系进行精确调控,事实上行政机关通过制定大量的行政规章和规则来实现社会治理。行政机关不仅仅是一个执行机构,还变成了立法机关,拥有实质上的决策权、立法权,行政法治国由此成为20世纪以来国家现代化建设中普遍采取的法治模式。可见,20世纪"新法治"就在于政党政治渗透法治所有环节中,治理社会的重任从传统立法机构和司法机关让位于越来越庞大的政党组织和行政官僚队伍,所以"行政规章"和"公共政策"取代了传统的"法律"。[①]

(三)"政党法治国":法治的中国方案

面对18世纪"旧法治"和20世纪"新法治"的

---

① 强世功:《从行政法治国到政党法治国——党法和国法关系的法理学思考》,《中国法律评论》2016年第3期。

分野，中国法治模式的建构必须面对一个根本问题：我们是建设一个三权分立的旧法治，还是基于政党政治和行政官僚及公共政策主导的新法治？严格来讲，清末法治改革以来，包括国民党政权在内，试图追求的法治都是18世纪的旧法治，即立法主导制定法律，在三权分立或五权分立的机制下实现社会治理。

然而，新中国成立以后，在中国共产党的领导下，中国的法治发展模式已经走向了政党主导的新法治，我们正在立足中国大地，建设一种政党主导的新型法治模式。特别是党的十八届四中全会决定进一步推动建构了"党的领导""人民当家作主"和"依法治国"的有机一体关系，在吸收、融合中国古典传统、西方法治传统和社会主义政法传统的基础上，构建了多元一体的"政党法治国"模式。党的十九届四中全会决定也进一步指出，"坚持党的领导、人民当家作主、依法治国有机统一"。

其一，政党法治国之所以区别于行政法治国就在于中国的社会制度和政党体制与西方的社会制度和政党体制根本不同。在西方资本主义制度下，政党类似于公司，仅仅承担选举任务，一旦选举结束，政党就进入国家机器中，尤其是利用行政规章和公共政策来治理国家，从而形成行政法治国。在中国社会主义制度下，中国共产党是一个先锋队政党，负有领导国家、治理社会并最终实现共产主义的历史责任。中国共产党必须承担起建设社会主义法治国家的重任。

其二，中国共产党在中国特色社会主义法治建设中发挥着核心领导的作用，中国特色社会主义法治最本质的特征就是中国共产党的领导。中国共产党是通过政策来确立法治发展的目标、方向，建构法治运行的国家机器，还为法治的实施提供制度、人才、知识等方面的保障，从而建构一套完整的社会主义法治体系。

其三，中国共产党通过自己的政治理念、纪律伦理、路线、方针和政策，确立了一套类似于"高级法"的、对党员干部提出的高于国家法律的政治、道德和伦理标准，从而使党员干部成为护法、守法、推动法治建设的模范。

总而言之，在中华民族5000多年文明的历史长河中，中国法治的传统始终是多元的、动态的，且服务于人民大众的精英集团始终在国家法治中发挥主导作用。古代就是在儒家精英集团主导下形成了礼法传统，现代则是在中国共产党的领导下形成了政法传统。以全球视野的眼光来观察法治传统的发展，西方法治也从大陆法系和普通法系的"旧法治"模式日益转向行政法治国的"新法治"模式。而中国的法治建设也在探索将党的领导、人民当家作主和依法治国有机统一起来的"政党法治国"模式，这无疑可以看作法治现代化进程中的"中国法治方案"。

关于文化自信

韩毓海

北京大学中文系教授，北京大学习近平新时代中国特色社会主义思想研究院副院长，中国科学社会主义学会副会长，中国经济社会理事会理事。

习近平总书记指出:"文化是一个国家、一个民族的灵魂。""文化自信,是更基础、更广泛、更深厚的自信,是更基本、更深沉、更持久的力量。"①

我们探索的是中国特色社会主义道路,在世界上找不到范本和摹本,从中华民族伟大复兴的视野出发,面对世界百年未有之大变局,首先就要立定根本,而离开了中国特色这个根本,离开了中国的土壤,离开了中国人民的要求、中国人民的实践,离开了我们自己要解决的问题,离开了中华文明的底蕴,去照抄照搬别人的东西,就会犯历史性的错误。

为什么说文化自信是最根本的自信?因为文化自信最直接地昭示着、标志着"中国特色",它指向的

---

① 习近平:《在中国文联十大、中国作协九大开幕式上的讲话》,《人民日报》2016年12月1日。

是我们中国人的价值观、世界观，是中国道路、中国制度和中国理论的底蕴。

怎么才能真正做到文化自信？

习近平总书记进一步指出，要确立文化自信，"要讲清楚中华优秀传统文化的历史渊源、发展脉络、基本走向，讲清楚中华文化的独特创造、价值理念、鲜明特色，增强文化自信和价值观自信"[1]。

这是习近平总书记布置的一项非常重要的任务，要完成这个任务，首先就要讲清楚中华文明的"历史渊源、发展脉络、基本走向"，然后，还必须从中开掘出、提炼出"中华文化的独特创造、价值理念、鲜明特色"。

只有首先做到这两个方面，我们才能真正做到"增强文化自信和价值观自信"。

倘若不学思践悟，如果没有做到上述两个"讲清楚"，那就是学思践悟的功夫还没到家，"自信"很可能就只是停留在嘴上，一遇到风吹草动，很可能就又"看山不是山，看水不是水"了。

---

[1] 习近平：《论党的宣传思想工作》，中央文献出版社2020年版，第56页。

同时，习近平总书记反复强调指出，坚定文化自信，必须有"大历史"的襟怀，必须具备广阔的世界视野、深邃的历史眼光。要做到文化自信，就必须深入进行文明的互鉴与比较，必须有构建人类命运共同体的担当。

必须认识到：只有文明之间的联系与交往，才能构成世界史，而单一文明的发展，并不能构成"世界史"。

因此，只有深入全面地了解世界，才能深入全面地理解我们自己，只有真正了解世界和人类文明发展的历程，才能更为深入全面地认识"中国特色"。只有具备文明互鉴、构建人类命运共同体的觉悟，才能真正"讲好中国故事"。

我从以下两个方面，阐释一点自己对这一重大命题的思考。

一、中华文明的连续性、创新性、统一性、包容性、和平性

自元谋人、北京人算起,中国有百万年人类史。中国成文历史自公元前841年起,有文字记载的编年史就没有断过,这在人类历史上是独一无二的。[①]

因为这一年,西周国人造反,驱逐了周厉王,开始"周召共和"。中国有文字记载的编年史,从此开始。

文化自信,必须通过不断的研究和发现来确立。

通常说,中国与古巴比伦、古埃及和古印度一样,是具有5000多年历史的文明古国,从编年史的一脉相承来说,中国的历史记录当然是世界上独一份的。但是,如果从考古工作的进展来说,中国实际上只有商周之后4000年的文明史的考古证明,司马迁《史记·五帝本纪》所记载的商代之前的历史,尚缺乏确切的考古资料加以印证。

[①] 苏秉琦:《中国文明起源新探》,生活·读书·新知三联书店2019年版,第90页。

随着考古工作的进展，目前的研究证明，无论是从文字、制度还是从科学文化上看，商周时代都是中华文明发展高度成形的时期，而这种成就乃是长期历史发展的结果。也就是说，商周是中华文明成熟期，并不是"初创期"。

关于中华文明起源的考古，有两种观点。一种观点认为，中华文明起源于黄土高原上的三个河谷平原——渭河谷底、伊洛谷底和汾河谷底，是从中心区向四面扩散；另一种观点则认为，中华文明起源于遍布全国的六个大区，这六个大区之间的发展不平衡，但却是互相促进的，中原地区只是六大区之一，中原影响各地，各地也影响中原，其发展图景如苏秉琦先生所提出的"满天星斗"，或者说是类似于车的辐辏。

我们有一万年的文化史。其中公元前5000年的仰韶文化，发生在华山附近，仰韶文化的主要特征花卉图案，可能就是华族得名的由来。几乎同时期的红山文化，在辽河附近，它以龙鳞纹彩陶为主要特征。上述两种不同文化系统的南北结合，也就是花（华）

与龙的结合,这种结合发生在晋南地区。

一万年文化史,结合考古发现印证的五帝时代的情况,以距今 5000 年为界,又分为两个阶段,以黄帝为代表的前半段主要活动在燕山南北,后半段的代表是尧舜禹,则活动在晋南一带,"中国"一词的出现也正在此时。

苏秉琦先生提出:尧舜时代的中国,是一个在区域之间的交流中逐步形成"文化认同"的"共识的中国",而夏商周三代,是一个松散的联邦式的中国,是一个以"政治认同"为基础的"天下",政治认同变为现实的"制度认同",是距今 2000 年的秦始皇统一大业和秦汉帝国的形成——这就是从"文化共识的中国"(五帝时代六大文化区之间的交流和彼此认同),到"政治认同"的中国(夏商周三代政治文化上的组合),到"现实制度"的中国——秦汉帝国"三部曲"式的发展。

这样一来,百万年人类史,一万年文化史,中华文明史 5000 多年的问题,可以说已经由考古工作基本上解决了。

5000多年文明的来路问题搞清楚之后，随之而来的，就是历史连续性的问题。实际上，世界四大文明古国之中，古巴比伦、古埃及、古印度，作为文明来说，早已经不存在了。作为文明古国，一脉相承发展下来的，全世界只有中国。

事实上，古埃及、古巴比伦、古波斯的文字，早就死了，除了极少数专业人士外，今天没有人能够通晓。但是，中华文明就不同了，刻有"日火山"铭文的陶尊，在大汶口文化中多次出土，大汶口文化处于公元前4500—公元前2500年，这说明了中国文字的起源之早，语言文字的基本结构决定了一种文明思维和表述的基本结构，中国的语言文字的基本结构是一脉相承的，就连续性这一点来说，我们在全世界是唯一，而不是"之一"，将中国历史的连续性放在世界上说，那是"硬碰硬"，独一份。

中国历史是世界上唯一具有连续性的历史，中华文明是世界上唯一具有连续性的文明。说到唯一性，这就是我们的唯一性；说到特色，这个特色是别人所没有的。

对于这一点，但凡有见识的外国人，实际上都是承认的。

马克思说过："印度社会根本没有历史，至少是没有为人所知的历史。我们通常所说的它的历史，不过是一个接着一个的入侵者的历史，他们就在这个一无抵抗、二无变化的社会的消极基础上建立了他们的帝国。"[1]"相继侵入印度的阿拉伯人、土耳其人、鞑靼人和莫卧儿人"[2]，使印度历史呈现为彼此不搭界、零碎的拼贴，对于印度而言，伊斯兰占领它，它就伊斯兰化；蒙古人占领它，它就蒙古化；英国人占领它，它的官方语言就成了英文。

2000多年来，中东地区可谓是文明的摇篮。但是，这里的情况与印度差不多，中东地区先后经历了希腊化、伊斯兰化、蒙古化乃至突厥化，而结果就是"马赛克化"，这里的历史和文明与印度一样，都是断裂的。

伯纳德·路易斯，是当今世界研究中东问题的

---

[1] 《马克思恩格斯文集》第2卷，人民出版社2009年版，第685页。
[2] 《马克思恩格斯文集》第2卷，人民出版社2009年版，第686页。

权威学者，他的《中东两千年》这样对比：2000多年来，中国用的是同一种文字的变体，中华文明发展的是一脉相承的哲学思想体系，正是这种独一无二的历史连续性，造成了一种强烈的自我意识或曰"中国意识"。而与"中国"相比，"中东"则不过是个非常模糊的地理概念，而不是文明和历史的概念，这种模糊的概念折射出：这里的人们对"自己是谁"这个根本问题，在认识上其实很不清楚。

由地中海发端的西欧文明，显然也不是一个整体。中古时代的西欧，是那些摧毁并蹂躏了西罗马帝国的外族建立起来的，虽然这些蛮族花了巨大的精力去努力接受西罗马帝国的基督信仰，学着使用拉丁语文；但是，这些努力随着罗马天主教廷的瓦解，随着新教革命，随着民族国家的纷争，都在近代的开端时期付诸东流、不复存在了。

印度文明与中华文明、地中海文明一样，印度文明在公元前600年至公元前300年期间也发生了"轴心突破"。但是，今天的印度，与当年的古印度没有关系。印度文明在时间和空间上都不是一个整体，佛教产生在北印度——今天的巴基斯坦、尼泊尔和克什米尔一带，张骞所谓"身毒"（xian）就是指这个地区。这个地区后来又被伊斯兰文明覆盖了，佛教和后来的伊斯兰教的重心都在北印度，不在今天的印度半岛，它构成了印度文明的上层建筑，至于印度教，则主要是底层的宗教。

最近，中央主要领导同志指出，从人类文明的发展史看，中华文明和地中海文明，作为世界上的两大文明，都有着长期发展的连续性，也都有过苦难和辉煌，从这两大文明再扩展到东西方文明的比较，进行追本溯源的比较研究，可以加深我们对世界历史与现实的认识。

地中海文明发端于西北地中海，随后，又经历了与包括维京人在内的北方蛮族的多次融合，蛮族入侵，这是它的灾难，同时也是它发展的源头活水。地中海文明历史漫长，其中有苦难，当然也有辉煌；有衰落，也有复兴。而且这个文明的中心是不断转移的，今天的美国，也属于这个文明的发展，也是这个文明的一部分。

关于文化自信

　　与中华文明相对，地中海文明也有其发展的连续性。但是，如果考虑地中海文明的起源，我们不能"言必称希腊"，因为希腊文明并非地中海文明的唯一源头，希腊文明是对埃及文明和黎凡特文明的继承，它并不是独立发展起来的。在这方面，最有权威性的著作是马丁·贝尔纳的《黑色雅典娜：古典文明的亚非之根》，这部著作聚焦于公元前2100年至公元前1100年的1000年时间里，希腊对埃及和黎凡特文化的大规模借用，从这个意义上说，在中华文明成熟的商周时代，希腊文明还没有真正摆脱埃及和黎凡特文化的影响，还没有独立成形。

　　马丁·贝尔纳的巨著提出了一系列发人深省的问题，其中包括：17世纪、18世纪之交，欧洲启蒙运动时期对于埃及文明的"回归"，对于几何、数学、天文（占星术）和伟大建筑的推崇，以及对于"工匠"传统的倡导，共济会组织的创建，就是这种思潮的产物。从这个意义上说，启蒙时代所要弘扬的"科学"，不仅来自希腊，也来自埃及。

　　西罗马帝国灭亡后，其实欧洲已经换了主人，至于希腊文明，它随后与东正教结合起来，在东欧和俄罗斯得以部分地延续，而在西欧则基本上已经湮灭不存了。在我国唐宋之交时，因为阿巴斯王朝的麦蒙哈里发对各种知识大感兴趣，他在巴格达开"智慧馆"，大搞翻译运动，经长期艰苦努力，这才把希腊经典由希腊文转译成叙利亚文，再由叙利亚文转译成阿拉伯文。

奥斯曼帝国征服西班牙之后，这些以阿拉伯文保存下来的希腊经典，又从托斯卡纳地区的文字转译为拉丁文，上述这个阿拉伯人主导的翻译运动，前后加起来有300年以上，经过这个浩大的"跨多种语言的翻译实践"，又上升到理论，其中有多少加工、多少创造性发挥，可谓是数不胜数。而如果没有这个阿拉伯翻译运动，当然也就不可能有什么西方的文艺复兴运动。

卢梭在《论科学与艺术的复兴是否有助于使风俗日趋纯朴》一文里说，东正教和东罗马帝国的文化里，并没有多少希腊的成分，而西方的文艺复兴，"复兴"的其实也并不是希腊文化，而是阿拉伯文化。

因为在希腊和罗马之间，夹着一个阿拉伯文明大规模"跨语际翻译实践"运动，而倘若没有阿拉伯文化的输入，西方人也就永远看不到柏拉图、亚里士多德、修昔底德和苏格拉底究竟写了些什么，甚至就永远也不知道"希腊"究竟是何物。

可见，西方文明绝非自希腊以来一脉相承，如果有继承，其实西欧的文艺复兴继承的主要就是阿拉伯翻译运动——卢梭这个人，以"说真话"著称，而上述发现，就是他说的最大的"真话"之一。这篇论文，使他得了勃艮第公国征文的一等奖，卢梭之横空出世，也就是因为这篇"惊世骇俗"的文章。

总的来看，与绵延不息的中华文明相比较，世界上其他文明都是高度断裂、基本上不连贯的。欧亚大陆上的文明先后经历了波斯化、希腊化、罗马化、基督教化、伊斯兰化、蒙古化乃至突厥化——这些不同的历史时期，而每个阶段、每个历史时期都是自成一体的，这是因为占主导地位的文明在其统治时期都力图把其他文明的痕迹抹掉，结果就是：文明发展的每一个阶段都是断裂的，"多元化"和"碎片化"，这是欧亚大陆上文明发展的总体趋势。

如果说"断裂化""碎片化"是其他文明的特征，那么，再来看我们中华文明自商周以来这种一脉相承的连续性，那就非常难得了。因此，只有通过文明互鉴，通过与其他文明的比较，我们才能对中华文明的这种连续性有切实的认识，才能深入理解"中国特色"，我们才能真正确立文化自信。

世界上的四个一神教都产生在地中海地区，但结果就是斗得一塌糊涂。犹太教、基督教、东正教和伊斯兰教，共同构成了地中海文明的源头活水，但它们彼此之间互相排斥，谁也不认谁。地中海文明的内斗比外斗要残酷得多，两次大战都是因为它们的内斗。包括今天西方的党派林立、党同伐异，这就是它的文明起源所决定的。

几千年来，我们中国都是围绕着统一与分裂进行斗争，而几千年来，地中海文明就是宗教捆绑着民族和国家进行残酷的战争。

所谓"西方之乱"，只有从文明发展史的角度，才可以更清楚地认识到。

我们的历史，不像西方和中东的历史，充满了宗教战争，这就是由我们文化的包容性所决定的。历史上，无论对于佛教、天主教、基督教还是伊斯兰教，我们都是包容的，这造就了我们民族的性格。

与地中海文明比较，便会更深入地认识中华文明的另一个重大特征，这就是通过文化交流的包容性来建立文化认同。和平性与包容性是中华文明的突出特性。

中华文明具有强大的统一性，中国的长期大一统，既有文化的基础，也有经济的基础。

讲中国统一与分裂的经济基础，冀朝鼎写于20世纪30年代的《中国历史上的基本经济区与水利事业的发展》一书，尤为值得重视。他提出了"基本经济区"的范畴。

在传统中国那样一种零散的小农经济条件下，统一的基础、中央集权的基础，就在于中央能够建设并有效控制基本经济区。所谓基本经济区建设，主要是靠水利与交通的建设达成的，中国的统一与中央集权问题，只能看成是控制这样一种经济区的问题。所谓分裂与割据，一方面在于对基本经济区的争夺，另一方面则在于地方建设造成的基本经济区的扩大与转移，占优势的经济区一旦确立，控制了基本经济区的首领，就获得了优越的物质利益而胜过与之竞争的其他集团，最后把国家统一起来。

基本经济区的存在，导致了土地制度与赋税方法的地理差异，影响了地区发展的不平衡，也造成了生产方式上的区别，在此基础上，形成了土地制度、赋税与商业以及高利贷资本发展程度的差异。

这样的著作在今天依然有助于我们深入地理解我们的制度、传统和文明。我们今天讲中国经济的基本面，也要考虑基本经济区的问题。

千百年来，农耕是我们这个文明的基础，亿万农民是我们的主体，千百万个村社构成了我们的基本经济区，今天我们讲"乡村振兴"，就是讲中华民族这个共同体在现代化进程中的凤凰涅槃和浴火重生。

思考中华文明的包容性，除了统一与分裂的经济基础，当然还要思考民族融合的问题，这就又回到了文化自信和文明主体性的建设方面。因为在交流中形成文化的认同,是建立稳定的经济基础的前提。

中华文明是在交流互鉴中不断创新的。商鞅变法的时代,秦所面临的处境就是处于戎翟与中原之间。在戎翟看来,秦是中原;而在中原看来,秦就是戎翟。因此,秦就面临一个说明自己是谁的问题,就面临一个确立制度和文化自觉的问题,这就是商鞅变法的动力,也是秦从"西霸戎翟,广地千里。东平晋乱,以河为界"走向"车同轨,书同文"的动力。

由秦所开启的恢宏的建筑、关隘、交通大道,不仅仅具有建筑上的意义,因为它以山河空间,对应着天文的构架,是礼制在空间上的实现,创造的是中华文明的文化时空——即它的文化意义更大。

隋唐也是如此,经历了五胡十六国,隋唐时期,中国再次面临着秦始皇当初面临的问题:思想、文化、语言秩序的重建问题。从这个文明自觉的角度去看隋唐推行科举制度,即以先秦儒家经典和汉语书写为标准去选拔人才,就会看到,科举制度的意义不仅在于对于门阀士族贵族制度的摧毁,也不仅在于选贤举能方式的转变,更在于在民族大融合的基础上,确立中华制度和治理体系这个问题。

秦汉唐时期,这是中华民族共同体在民族大融合的过程中不断形成和壮大的时期,这个过程宋代虽然相对封闭,确立严格的"夷夏之辩",但南宋治理的一个重要成就,就是使中原文明与南方蛮族文化之间形成融合,随后元代又开始了一次更大规模的融合,这是在文明融合的过程中不断确立中华民族认同的又一个过程,这个过程到了清代算是告一段落。

首先,在文化的交流与包容中,形成文化认同,在各经济区发展不平衡的基础上,形成基本经济区,在此基础上,方才形成了政治认同,遂形成制度的认同与统一,这就是中华文明自创生起一以贯之的"来路"。

因此,习近平总书记强调,一定要把我们的"来路"搞清楚,要搞清楚我们的现代中国,今天的中国是从哪里来的——这是非常具体的问题,绝不是抽象的问题。同样,讲我们文明的包容性,这也是非常具体的,绝不是抽象的。这既是一个历史问题、学术问题,更是一个政治问题。

我想，这就是习近平总书记指出的："一个民族、一个国家，必须知道自己是谁，是从哪里来的，要到哪里去，想明白了、想对了，就要坚定不移朝着目标前进。"①

文明是多元的、独特的，文明只有在交流互鉴中才能创新发展。

近代以来，地中海文明发展的一个方向，就是力图以雅利安种、印欧语系为中心，确立起人类文明史发展的等级秩序，这种文明的等级秩序不仅是排他性的，也是压迫性的，这种文明的等级秩序构成了近代种族主义、现代帝国主义话语的基础，也渗透到西方哲学社会科学的许多方面。在这种根深蒂固的文化优越论的基础上，文化的交流和包容是谈不上的，所谓"文明冲突论"，意味着在这样的文明等级秩序之下，人类文明共同体的构建缺乏文化交流的真正基础。

中华民族伟大复兴，是从"中国人民站起来"开始的。

---

① 习近平：《青年要自觉践行社会主义核心价值观——在北京大学师生座谈会上的讲话》，《人民日报》2014年5月5日。

中国人民站起来，自立于世界民族之林，这首先是在人类历史上、在人类文明发展史上，具有极其伟大的历史意义，具有文明史的伟大意义。这种伟大意义，在于向世界宣告：人类的一切伟大文明都是平等的，同时也是独特的。因此，每一个国家，都有走自己的路、自主选择自己的发展道路的权利，都有平等地自立于世界民族之林的权利。这也就是向世界宣告：建立在文明优劣论基础之上的种族主义、帝国主义、殖民主义、霸权主义，那一套是行不通的——为此，我们进行了举世瞩目的两万五千里长征，进行了艰苦卓绝的革命，牺牲了无数英雄儿女，我们经历了多少苦难，才赢得了解放。

今天，我们处在巩固和提高"富起来"这样一个历史阶段，同时，面对着"强起来"的历史使命。怎样从人类历史、人类文明发展史的高度去理解中华民族伟大复兴的使命，是一个值得深思的命题。

毛泽东说，我们要自立于世界民族之林，中国要对世界、对人类做出更大的贡献。这是他的宏愿，也是我们肩上的责任。

自立于世界民族之林，就必须认真研究和思考各文明之间的关系与联系。只有通过文明的比较与互鉴，才能更为深入地理解中华文明的独特性，才能深刻认识与把握"中国特色"；只有具备这样的历史觉悟，才能深刻研究和领会习近平新时代中国特色社会主义思想。

对于马克思列宁主义、毛泽东思想、邓小平理论、"三个代表"重要思想、科学发展观及其相关党的创新理论，我们只有从人类发展史、人类文明发展史的角度，才能真正深入理解它们的深刻、丰富内涵；同样，对于习近平新时代中国特色社会主义思想的深刻内涵，也必须从人类文明发展史的视野，去研究、去领会。特别是从这个视野，去理解、认识"文明互鉴"和"构建人类命运共同体"的论断。

人类历史上一切伟大的思想，当然是深深植根于现实的、人民的要求的。但是，其对现实的认识，必定有深刻的历史来路，对于现实的认识与改造，更深刻地影响着人类的未来。研究习近平新时代中国特色社会主义思想，必须有深邃的历史视野、广阔的世界眼光，必须把人类的昨天、今天和明天联系起来，必须从过去、现在和未来的历史发展中，去把握这一思想的深刻内涵。

二、马克思主义中国化和中国化的马克思主义

马克思主义能够植根于中国大地，从根本上说，就在于马克思主义与中华文明的优秀成分的结合。这种结合，是具体的，而不是抽象的，是历史的，而不是教条的——习近平总书记系列重要讲话以及中央主要领导同志学习贯彻习近平总书记系列重要讲话精神，特别集中地强调马克思主义与中华文明的优秀成分，在以下三个方面的有机结合和高度统一：第一，唯物论；第二，辩证法；第三，以人民为中心。

这三个问题，一个是世界观问题，一个是方法论问题，一个则是历史观即唯物史观问题。

（一）唯物论

马克思主义不是宗教，而是哲学社会科学。早在十世纪，中华文明即变儒释道诸教为中国哲学。马克思主义与中华文明的结合点在哲学，不在宗教。

如果说中华文明与地中海文明这两个文明在源头上有什么差异，那么这个差异，就是有神论与无神论的差异。

地中海文明虽然不是一个整体，但总的来说，它们都是从"多神"走向"一神"，它们对于"源头"、来路的思考，都是从天上、从"天国"开始，而不是从地上、从人间开始的。

而马克思主义学说是从地上、从人的现实性出发，不是从天上、从"天国"出发的。从这个意义上说，马克思主义当然就是西方文明、地中海文明里最大的"异端"。

在马克思主义产生的时候，西方哲学还是宗教的婢女，而青年马克思提出的第一个爆炸性的"口号"，就是"反宗教"。马克思主义学说的这种革命性，或者异端色彩，从马克思公开发表的第一篇文章的第一段话里，就能看得一清二楚。

反宗教的批判的根据是："人创造了宗教，而不是宗教创造人。……人不是抽象的蛰居于世界之外的存在物。人就是人的世界，就是国家，社会。这个国家、这个社会产生了宗教，一种颠倒的世界意识，因为它们就是颠倒的世界。……宗教是人的本质在幻想中的实现，因为人的本质不具有真正的现实性。"[①]

旗帜鲜明以哲学社会科学"反宗教"——这就是《〈黑格尔法哲学批判〉导言》开头就挑明了的话。

在那里，马克思还说："谬误在天国为神祇所作的雄辩一经驳倒，它在人间的存在就声誉扫地了。"[②]——今天看来，马克思公开发表的第一篇文章，就是一份宣言书，也是一份挑战书。我们要看到，在地中海文明的传统里，要驳倒"天国"，要驳倒"在天国为神祇所作的雄辩"，这需要何等大无畏的勇气！

从地上的真理出发，不是从天上的教规出发——

[①] 《马克思恩格斯选集》第1卷，人民出版社2012年版，第1—2页。
[②] 《马克思恩格斯选集》第1卷，人民出版社2012年版，第1页。

对于地中海文明而言，马克思的革命性、异端性、彻底性就在这里，在西方世界里，马克思主义被排斥、被围剿、被妖魔化，根子也在这里——进而，马克思主义能够被中国所接受，一个重要的原因，首先也就在这里——简而言之，就在于中华文明的底子是唯物论、无神论，就在于中华文明从根子上讲、从源头上讲，便是从人间的现实生活出发的。中华文明是立足衣食住行、婚丧嫁娶、迎来送往、敬天法祖等——这些老百姓的现实生活之中的，从根子上说，中华文明就不是从天上、从"天国"出发的。

当然，在地中海文明里，讲唯物论的，不仅是马克思这一家。但是，讲得如此彻底、如此透彻、如此坚决的，当属马克思无疑。

达尔文的细胞学说影响了马克思，但是，达尔文最终还是从多细胞说走向了单一细胞说。在他看来，生命活动必定有一个根本的原因，这个原因不能从现实的生命活动中去寻找，而只能到天上去寻找，生命活动，甚至就是为了达尔文这样的观察者、发现者而存在，而他能够发现进化论的规律，这也只能说是上帝的恩宠——于是，他便从细胞学又回到了创世论，在冒险发表了进化论的学说之后，他反而更坚定地信奉了基督教。

牛顿是现代自然科学的鼻祖，他在科学领域的论文不少，但在宗教方面的论著更多。在他看来，苹果从树上掉下来，就是为了证明万有引力定律，离开了上帝，就不能解释宇宙的起源，西方的所谓"理性时代"，遵循的还是宗教的逻辑。

于是，在他们看来，生命活动本身不是目的，人类的社会活动本身也不是目的，这些活动本身都是为了它们的创造者而存在，或者说是为了"科学观察和分析"而存在。那个创造者是上帝，那个观察者是科学家，是学者，是历史学家，而所谓"科学研究"，最终就是要掌握上帝创世的密码，研究者最终不是与现实世界对话，而是与自己心中的那个上帝对话。

在《神圣家族》里，马克思这样说过："从前的目的论者认为，植物所以存在，是为了给动物充饥，动物所以存在，是为了给人类充饥，同样，历史所以存在，是为了给理论的充饥（即证明）这种消费行为服务。人为了历史而存在，而历史则为了证明真理而存在。在这种批判的庸俗化的形式中重复了思辨的高见：人和历史所以存在，是为了使真理达到自我意识。"①

世界为上帝而存在，生命活动和社会活动为观察者、研究者而存在，正如植物为动物"充饥"而存在，动物为人类"充饥"而存在，因此，现实的、物质世界的存在没有理由，它只是为了人类的"消费"而存在，为了证明上帝的"英明"而存在。进而，一部分人乃至千百万劳动者的生存也没有理由，因为他们只是为了另一部分人，为了少数人的"消费"而存在，世界上的一切文明，都不过是为了西方文明这个"神圣家族"，不过是为了说明西方文明的"神圣性"而存在——马克思的这些话，讲到了西方文明的根子上去了。

西方文明是"神圣家族"，其他文明都是劣等的——这不是婆罗门教的说法吗？婆罗门的神圣性不过是对印度人的，西方文明的"神圣性"则是对全人

---

① 《马克思恩格斯全集》第 2 卷，人民出版社 1957 年版，第 100 — 101 页。

类的——而这就是西方唯心主义的根源。

马丁·贝尔纳指出，18世纪以来，西方对于印度的热情和兴趣，"主要是认识到梵文和欧洲语言的基本关系后引起的"，是把印度视为"雅利安种的分支"而产生的。

马克思深刻地批判了西方宗教的神圣性，乃至西方文明的神圣性，他把这种神圣性从"天国"带到了人间，因为他赋予全世界的劳动者以神圣性，我们把《共产党宣言》称为世界无产阶级和劳动者的"圣经"，有一个原因是《共产党宣言》与《新约》《旧约》和《古兰经》似乎有一个共同的主题，那就是强烈的、彻底的、毫不妥协的斗争性。但是，与一切宗教不同，马克思主义不是要建立"天国"，而是要为建立一个理想的现实世界而斗争。因此，马克思主义的出发点不是宗教生活，而是劳动人民的现实生活，创造人类世界的不是上帝，而是生产者和劳动者。

马克思主义不是从"天国"出发，而是从地上出发，从地上出发，首先就是从人的吃、喝、住、穿出发。

恩格斯在马克思墓前说："正像达尔文发现有机界的发展规律一样，马克思发现了人类历史的发展规律，即历来为繁芜丛杂的意识形态所掩盖着的一个简单事实：人们首先必须吃、喝、住、穿，然后才能从事政治、科学、艺术、宗教等等；所以，直接的物质的生活资料的生产，从而一个民族或一个时代的一定的经济发展阶段，便构成基础，人们的国家设施、法的观点、艺术以至宗教观念，就是从这个基础上发展起来的，因而，也必须由这个基础来解释，而不是像过去那样做得相反。"[①] 这段话十分精辟地阐明了历史唯物主义的基本原理。

格物致知，格物穷理。中华文明，是从地上、从老百姓的现实生活出发的，是从衣食住行、婚丧嫁娶、迎来送往、敬天法祖等——这些老百姓的日常生活的基本内容出发的。所谓"敬天法祖"，从根源上讲，就是要顺了、尊重衣食住行、婚丧嫁娶、迎来送往的规则。我们所谓的"敬天法祖"，与地中海文明的迷信上帝、匍匐在造物主脚下，意思完全不同。敬

---

① 《马克思恩格斯选集》第3卷，人民出版社2012年版，第1002页。

天法祖,不是尊奉上帝;敬天法祖,尊重"天地君师亲",也不是说就是尊奉这五个神仙。从根源上讲,敬天法祖,尊重"天地君师亲",说的就是顺乎和尊重自然和社会的规律。

我们共产党人是马克思主义者,同时也是中华文明最优秀成分的继承者、发扬光大者,中国共产党人的哲学,就是从中国人民群众的现实生活出发的,人民对美好生活的向往,就是我们的奋斗目标——这就是真正的唯物主义,是中国化的马克思主义。

马克思主义只有植根于中国最广大人民群众的生活之中,只有与中华文明相结合,才能为中国人民服务,才能真正解决中国的问题,我们只有这样做,才能真正地继承发展马克思主义。

毛泽东的《愚公移山》,讲的不就是"敬天法祖"吗?《为人民服务》的结尾说:"今后我们的队伍里,不管死了谁,不管是炊事员,是战士,只要他是做过一些有益的工作的,我们都要给他送葬,开追悼会。这要成为一个制度。这个方法也要介绍到老百姓那里去。村上的人死了,开个追悼会。用这样的方法，寄托我们的哀思，使整个人民团结起来。"①这里讲的，不就是婚丧嫁娶的道理吗？形成一个制度，介绍到老百姓那里去，使人民团结起来，这个制度难道不就是"礼乐之制"的现代化吗？

白求恩受加拿大共产党和美国共产党派遣，不远万里来到中国，把中国人民的解放事业当作他自己的事业——"有朋自远方来，不亦乐乎"，这讲的不就是迎来送往的道理吗？

我们要和世界上一切资本主义国家的无产阶级联合起来，才能打倒帝国主义，解放我们的民族和人民，解放世界的民族和人民，这就是我们的国际主义——这种国际主义是不是一种更为深刻的"迎来送往"、文化交流呢？是不是对于中华文明"礼乐之制"的升华呢？当然是的。毛泽东讲的无产阶级国际主义的道理，就是植根于中华文明的优秀成分之中的。

---

① 《毛泽东选集》第3卷，人民出版社1991年版，第1005页。

（二）辩证法

在方法论上，中华文明与马克思主义是高度一致的，这种方法论上的一致性就是指辩证法。

辩证法的核心是讲矛盾，讲矛盾的互相制约、彼此互动。"有无相生，难易相成，长短相形，高下相倾，音声相和，前后相随。"这里讲的就是：世界上一切尺度和规矩，都是在互相矛盾、制约之中发展变化着的。

气者，物之动。老子说，天下万物生于有，有生于无。这里所谓的"无"，当然不是指虚无，而是说可见的事物背后发展的规律。因此，老子又说："人法地，地法天，天法道，道法自然。"

马克思主义揭示了人类社会发展的规律，在《〈政治经济学批判〉导言》里，马克思这样说：生产力与生产关系互相矛盾、制约，构成了"经济基础"，国家、法、意识形态等构成了"上层建筑"，而经济基础与上层建筑之间互相矛盾、制约的运动，构成了人类社会发展的规律。

离开了唯物论的辩证法，离开了社会各领域之间互相矛盾、制约的关系，就不能说明社会发展的规律。

"文化大革命"期间，讲马克思主义的真理，就是"以阶级斗争为纲"，阶级关系是生产关系的最集中的体现，然而，生产关系是要受生产力的制约的，离开了生产力与生产关系之间互相矛盾、制约的关系，单讲"以阶级斗争为纲"，这不符合辩证法。

又有人说，马克思主义的真理就是经济是决定性因素，进而发展到经济增长数字决定一切，把经济发展等同于经济增长数字——这也不符合马克思主义辩证法。

马克思主义认为，生产力是社会发展中最活跃的因素，说到生产力，毛泽东在《关于正确处理人民内部矛盾的问题》中，讲的是发展生产力、保护生产力、解放生产力这三者之间互相矛盾、互相制约的对立统一。抛开生产力与生产关系、上层建筑与经济基础之间的互相矛盾和制约，把生产力发展等同于经济增长数字，这也是形而上学，这同样也是不讲辩证法，是违背辩证法。

在我们事业发展的过程中,为什么经常出现违背辩证法这个问题呢?从某些方面来说,就是因为我们的同志学习不够,太心急了,往往容易干出违背社会发展规律的事情,干出违背马克思主义辩证法的事情。

有些人希望很快地实现共产主义,很快地把中国发展起来,这当然没有错,但前提是掌握社会发展规律,尊重社会发展规律,尊重辩证法。马克思说,人类解放的事业,要受到物质生产力发展水平的制约,而新的生产方式的产生又要受到各种习惯势力与人们心理和思维定式的制约,因此,他指出了社会发展的大势和方向,同时指出,所谓发展,就是社会各领域在互相矛盾、互相制约之中的发展,发展从来就不是一马平川,所谓大势,就是《共产党宣言》里说的"两个必然",所谓发展的基本规律,就是他在《〈政治经济学批判〉导言》里讲的"两个决不会"。

习近平总书记 2013 年 12 月 3 日在十八届中央政治局第十一次集体学习时发表重要讲话,刊发在《求是》杂志,题目是《坚持历史唯物主义不断开辟当代中国马克思主义发展新境界》，这篇讲话深刻地阐释了马克思主义的基本观点、基本方法，核心就是讲唯物论的辩证法，讲怎样用唯物论的辩证法指导全面深化改革，是一篇纲领性文献。

人类历史、人类社会发展史，总是在直面矛盾、克服危机中螺旋式前进的。回顾人类社会发展史、中华文明史，从来没有过一马平川的道路，辉煌从来与苦难相伴随，不经历苦难，就没有辉煌，有了苦难，也不见得就能辉煌，只有历经苦难曾经实现过辉煌的民族，才能谈得上伟大复兴——这也是辩证法。

党的十八届三中全会提出全面深化改革，出发点就是唯物论的辩证法。"全面"，首先就是全面地理解马克思主义关于社会发展基本规律的学说，即从生产力与生产关系、经济基础与上层建筑之间互相矛盾、互相制约的角度去谋篇布局，不能再搞"单打一"。我们要正确决策，就要比较全面地摸透社会各个领域的情况，摸清它们之间互相矛盾、制约的关系，这是我们党的学风，也是工作作风。

坚持和运用辩证法，必须认识到：我们讲"全面深化改革",不是说把各个社会领域都平行地、孤立地列出几条、几十条来,而且美其名曰"台账",那就是"全面"了,"全面"不是事无巨细、甲乙丙丁在文件里都罗列在一起,我们这里讲的"全面",是指全面深入地分析社会矛盾内在联系的复杂性,是指在实践中比较全面地揭示出社会各领域之间互相矛盾、制约的联系,为的是摸索社会发展的矛盾与规律,只有这样,才能在看似繁茂芜杂、彼此没有关联的现象中,找到改革的关联性、系统性和协同性——而这里的关键,就是要掌握马克思主义的世界观和方法论。

"十个指头弹钢琴",不是把十个指头罗列在一起,而是十个指头彼此协调,弹出一个旋律来。

什么叫规律?在中华文明中,乐就是"律",要弹出一篇乐章来,那就要遵循规律和法则。

(三)以人民为中心

从人出发,而非从神出发,从现实中的人出发,而不是从抽象的人出发——这是中华文明与地中海文明的又一个不同之处。

现实的人是一个矛盾着的整体，只要是人，就有七情六欲。真善美与假恶丑，这些尺度对应的就是七情六欲，这些东西在具体的人身上互相矛盾、制约。

但是，地中海文明讲人的"共性"，不是这样讲的，它讲人的"共性"，其实是讲"共同利益"，在这方面，卢梭的《社会契约论》讲得最清楚，大意是说：我们这些有共同利益的人，订立一个契约，为的是反对另一部分与我们利益不同的人，这个共同利益叫"总意志"。在这个共同契约的基础上，形成了政府，形成了国家。

卢梭的名言是"人生而自由"，契约是个外在的约束，也是个枷锁。既然是一个契约，那就可以随时订约，也可以随时退出，以保障每个人是自由的，既然每个人都有退出契约的自由，那么，这种契约就是临时性的，而建立在这种临时性契约基础上的政府，也自然是一个有限责任政府。

在这个出发点上，中华文明与地中海文明是不同的——在中华文明里，人们与父母的关系、与子女的关系，不是契约关系，更不是临时性的契约关系。中华文明说的人的"共性"，是说养小送老，这是人的天性，同时也是做人义务，是责任担当。说这是"人之为人的本质"也好，是"社会关系的本质"也罢，总之，家家如此、人人如此，人同此心、心同此理。

我们说中华文明好，中国人民好，就是因为每个中国人都知道责任担当的道理。

"人民"这个词，在西方产生得很晚，大概是在法国启蒙运动中，"人民"才和"臣民"互换着用，直到法国大革命，才出现了"人民主权"的说法。但是，因为法国大革命造成的一系列问题，"人民"在西方的词典里，至今还不是一个完全正面的词语。但在中华文明中，"民为邦本"，"民为重，社稷次之，君为轻"，这是自古就有的说法。

大家已经看到：在这次新冠疫情防控过程中，中国与欧美国家出现了两种不同的结果，目前来看，反差还比较大，如果从人文学科研究者的角度看，这凸显了文明的差异。

中国关于人际关系有一个经典说法，就是《孟子·梁惠王上》里提到的"老吾老以及人之老,幼吾幼以及人之幼"。这是什么意思呢?首先是"老吾老"和"幼吾幼"——我们都要养小,都要送老,这就是人的共性,也是每个人人生的责任担当。我们讲"建设小康社会",小康是什么?在中华文明的语境里,小康首先就是我们所说的"齐家",所谓"小康之家",首先就是把每个家庭搞好,而这就是孝敬老人,培养孩子,使老有所依,幼有所教——为每个家庭美满幸福而奋斗,这就是"小康"的基本内容。

从"齐家"和"小康"出发,中华文明的目标是要走向"大同"。"大同",实际上也没有那么玄,因为大同是在地上,不是在天上。为什么?刚开始,我们只是对自己的亲人好,但是人是会成长的。就像在这次抗击新冠疫情过程中,我们看到很多"90后""00后"成长了。什么叫成长呢?就是知道了担当的道理。比如,对于医务工作者来说,当穿上"白大褂",就明白了一种责任:要像对待自己的亲人一样对待同事,对待病患。

圣人无常心,以百姓心为心。修身齐家治国平天下，由一身而及于一家，由一家而及于天下国家，由小康而至于大同——我们中国人是这样理解人的共性、理解人生的意义的。

所以，讲到文明的互鉴，首先我们是中国人，中国人是在中华文明的熏陶下生长的，子女和父母的关系不叫契约，而叫责任担当。责任担当是一辈子的事。所以当你成长了、长大了，开始承担了一部分责任之后，你面临的一个问题就是——以什么样的态度去对待周围的人。

忠孝节义，讲的就是"担当"二字，这才是我们中华文明最核心的问题。这种对家、对国的担当，对天下父老的担当，与考验共产党员合格的标准是相通的。

在这次抗击新冠疫情过程中，我们看到抗疫前线许许多多的医务工作者，虽然他们在组织上可能还不属于共产党的一员，但是当他们像对待自己的亲人一样对待患者时，实际上就已经达到了共产党员的境界——而按照我们中国历史上的讲法，他们都是志士仁人。

关于文化自信

1937年的时候，毛泽东写过一篇文章叫《反对自由主义》。毛泽东说的这个"自由主义"，不是我们今天讲的"Liberalism"。他想探讨的问题是，普通民众入了党，或者党员成了党的一名干部之后，是不是就没有自由了呢？显然不是这样的。共产党员反对"自由主义"，就是要求你：不能对自己的亲朋好友、对自己的老部下是一个态度，而对你周围的人民群众是另一个态度。共产党员要做到一碗水端平，要像对待自己的亲人一样对待人民群众。由一己、一家而至于天下——这才是共产党员的态度。所以，我们党和人民群众的关系，就是中华文明价值观的最终体现。我们党和人民群众之间的关系，就是一种亲人、家人的关系。

民心是最大的政治，以人民为中心。习近平总书记讲"不忘初心，继续前进"，"以百姓心为心"，深刻揭示了中华文明的内在实质。我们的"大同"境界就深深植根于中华文明之中，深深植根于人民的日常生活之中，深深植根于中国文化之中。我们从小看着父母怎样对待爷爷奶奶，同时又怎样全心全意地对待自己，当我们长大了之后，就会很自然地担当起"老吾老以及人之老"的责任和使命。这就是我们的文明本质性的东西。所以，"四个自信"，根本在于文化自信，而只有具备了"四个自信"，只有从内心确立起中国人民好、中华文明好的信念，只有身体力行做到"四个自信"，才能从内心出发，做到"两个维护"。

在抗击新冠疫情过程中，广大医务工作者能够不忘初心，砥砺前行，就是因为这样的责任感、使命感，这种担当意识是我们与生俱来的。这既是我们的文明优势，也体现为我们的制度优势。

因此，我们一路披荆斩棘走到今天，从根本上说，靠的是中国人民好，而中国人民好，主要是因为中华文明好。今天，对于这一点，我们必须理直气壮、旗帜鲜明。

事实上，全世界除了中国都没有"国""家"连用的说法。西方的"国"就是"state"，没有"家"的意思。只有中国有"国家"这个词。一头挑起"国"，一头挑起"家"，这种责任担当就是我们的家国情怀。

关于文化自信

在这次抗击新冠疫情期间,央视有一期关于家书的节目。在那些家书里,没有一个孩子不支持自己的父母上前线,也没有一个父母不支持自己的孩子出征。谁不知道上前线危险?但没有国,哪有家?我们祖祖辈辈都懂这个道理,从一家到一国,这就是担当意识。理解了这一点,就能理解为什么中国共产党是中华文明的优秀代表。我们正是在这样的文明基础上,建立了最符合和体现中国人民愿望的中国特色社会主义制度。我们党的根本宗旨是"全心全意为人民服务",这句话承载着每一个共产党人对于人民群众的无限责任与担当。

过去,经常有人评价中国政府是一个"大政府"。实际上,"大政府""小政府"的说法太抽象了。要我说,中国政府是一个"对人民负无限责任的政府",是一个"全心全意为人民服务的政府"。

在中华民族伟大复兴的征程上,我们经历了多少苦难辉煌,经历了艰辛的探索——从"中国人民站起来"到"以经济建设为中心",今天,我们高举中国特色社会主义伟大旗帜,坚持"以人民为中心",形成了马克思主义中国化的最新理论成果——习近平新时代中国特色社会主义思想。

我们的任务和使命,是实现中华民族伟大复兴。这就必须从中华文明、中华民族苦难辉煌的漫长奋斗史中汲取思想、智慧和力量,这就要求我们立足中国的历史与现实,立足中国人民的要求,解决当今中国与世界的问题,这就必须深入探求、揭示我们实现长期发展、实现伟大复兴的内在动力、内生动力。

毛泽东说过,外因是变化的条件,内因才是变化的根据。我们是中国人,必须用我们自己的头脑思考自己的问题,必须用自己的脚走自己的路——"我们中国人必须用我们自己的头脑进行思考,并决定什么东西能在我们自己的土壤里生长起来"[①]。

毛泽东的这些话是我们党在苦难辉煌的奋斗中通过血的教训获得的,来之不易,开辟了独立自主的中国革命的光辉道路。

2014年5月4日,习近平总书记在北京大学师生座谈会上发表重要讲话,这个讲话具有划时代的伟大意义,

[①] 《毛泽东文集》第3卷,人民出版社1996年版,第192页。

我们必须反复学习、认真领会,做到真懂真信。

在讲话中,习近平总书记指出:"中华文明绵延数千年,有其独特的价值体系。中华优秀传统文化已经成为中华民族的基因,植根在中国人内心,潜移默化影响着中国人的思想方式和行为方式。"[1]

中华民族的基因植根在每个中国人的内心,深刻地、潜移默化地影响着我们的思想、行为方式,是我们实现中国梦的不竭动力。

习近平总书记还指出:"去年12月26日,我在纪念毛泽东同志诞辰120周年座谈会上讲话时说:站立在960万平方公里的广袤土地上,吸吮着中华民族漫长奋斗积累的文化养分,拥有13亿中国人民聚合的磅礴之力,我们走自己的路,具有无比广阔的舞台,具有无比深厚的历史底蕴,具有无比强大的前进定力。中国人民应该有这个信心,每一个中国人都应该有这个信心。我们要虚心学习借鉴人类社会创造的一切文明成果,但我们不能数典忘祖,不能照抄照搬

---

[1] 习近平:《青年要自觉践行社会主义核心价值观——在北京大学师生座谈会上的讲话》,《人民日报》2014年5月5日。

别国的发展模式，也绝不会接受任何外国颐指气使的说教。"①

习近平总书记在这次讲话中把在纪念毛泽东同志诞辰120周年座谈会上的讲话内容又强调了一次，我想，这里的用意是：实现我们的发展目标，实现中国梦，从根本上说，就必须坚定道路自信、理论自信、制度自信、文化自信，而且必须以"千磨万击还坚劲，任而东西南北风"的定力，坚定"四个自信"。

习近平总书记的这个讲话给出了许多人长期思考而没有得出的结果、答案和结论——支持中华民族伟大复兴的根本力量，就在中国人民之中，就在中华文明之中，就在"中华民族的基因"之中。支持中华民族伟大复兴的根本力量，总的来说，是在内部，不是在外部。

我们要学习人类世界一切好的东西，但是，不能从外部、从近代以来西方主导的"世界史观"去解释中国历史，不能照抄照搬他们的理论，去说明我们自

---

① 习近平：《青年要自觉践行社会主义核心价值观——在北京大学师生座谈会上的讲话》，《人民日报》2014年5月5日。

己的制度，我们必须从中华文明苦难辉煌的漫长历史中，必须从这种文明的连续性中，去理解我们的道路，理解中华民族伟大复兴。

对我们自己的历史，对我们自己的道路、理论、制度和文化，必须有自觉与自信——这是习近平总书记在这个讲话中指出并反复强调的。这是一个长期要解决而没有解决的问题，我把这个问题的解决叫作"立定脚跟""立定根本"。

我们党诞生100多年了。回顾来时路，100多年的苦难辉煌，100多年的牺牲奋斗告诉我们：面对沧桑巨变，我们的文明、我们的民族能够勇立时代和历史的潮头，能够与时俱进，能够不断学习，特别是能够掌握马克思主义的科学武装，这就是因为我们的文明具有开放、包容的性格。

同时，我们的奋斗更告诉我们：马克思主义学说是西方哲学社会科学的中枢、纽带，是19世纪西方哲学社会科学发展的最高峰，而世界上一切好的东西，包括马克思主义学说在内，只有植根于中华文明的深厚沃土，只有植根于中国人地，只有与中国人民的创造性实践紧密结合在一起，只有回应中国人民的要求，真正解决中国的现实问题，才能不断保持旺盛的生机与活力。

100多年的苦难辉煌，100多年的牺牲奋斗，更告诉我们这样一个真理，那就是：外因是变化的条件，内因才是变化的根据。决定什么东西能够在中国生长的，是我们的土壤，是我们文明的基因；支持我们团结奋斗、不懈求索，支持中华民族伟大复兴，支持我们的事业生生不息、不断兴旺发达的根本力量，归根结底，就在中国人民之中，就在中华文明之中，就在我们正在进行的伟大实践之中。

我国生态文明建设的伟大变革及基本经验

郇庆治

北京大学马克思主义学院教授、北京大学习近平生态文明思想研究中心主任。

新时代，中国特色社会主义实现了伟大变革——"党和国家事业取得历史性成就、发生历史性变革，推动我国迈上全面建设社会主义现代化国家新征程"[①]，而生态文明建设成果更是这种历史性成就、历史性变革的"显著标志"。因此，系统深入总结党的十八大以来我国生态文明建设所取得的举世瞩目成就及其基本经验，对于全面推进美丽中国建设、加快推进人与自然和谐共生的现代化，稳步实现全面建成富强民主文明和谐美丽的社会主义现代化强国目标，具有重要的理论与实践意义。

[①] 习近平：《高举中国特色社会主义伟大旗帜　为全面建设社会主义现代化国家而团结奋斗——在中国共产党第二十次全国代表大会上的报告》，人民出版社2022年版，第6页。

一、充分认识新时代我国生态文明建设的历史性成就

单从党和政府发布的权威文本或表述的角度来说,如下三篇文献构成了我们正确认识与总结新时代生态文明建设进展的主要文献依据。

(一)《中共中央关于党的百年奋斗重大成就和历史经验的决议》

党的十九届六中全会通过的《中共中央关于党的百年奋斗重大成就和历史经验的决议》(以下简称"《决议》")指出,改革开放以来,我们党日益重视生态环境保护,尤其是"党的十八大以来,党中央以前所未有的力度抓生态文明建设,全党全国推动绿色发展的自觉性和主动性显著增强,美丽中国建设迈出重大步伐,我国生态环境保护发生历史性、转折性、全局性变化","党从思想、法律、体制、组织、作风上全面发力,全方位、全地域、全过程加强生态环境保护,推动划定生态保护红线、环境质量底线、资源利

用上线,开展一系列根本性、开创性、长远性工作。"

可以看出,第一段话对党的十八大以来体现在"绿色发展""美丽中国建设""生态环境保护"等议题领域中我国生态文明建设的重要进展作出了高度评价——"显著增强""重大步伐""历史性转折性、全局性变化",而第二段话则着重强调了以习近平同志为核心的党中央在这一进程中所发挥的全面领导与推动作用。这足以表明,生态文明建设既是过去十年党和政府高度重视、大力推进的公共政策议题,也是党和国家事业取得历史性成就、发生历史性变革的标志性政策议题领域。

(二)党的二十大报告

党的二十大报告在第一部分"过去五年的工作和新时代十年的伟大变革"中,系统总结了过去十年中国特色社会主义现代化建设事业所取得的历史性成就、所发生的历史性变革。

具体到生态文明建设领域,党的二十大报告对于过去五年进展的评价是"大力推进生态文明建设",

对于新时代十年进展的评价是"我们坚持绿水青山就是金山银山的理念，坚持山水林田湖草沙一体化保护和系统治理，全方位、全地域、全过程加强生态环境保护，生态文明制度体系更加健全，污染防治攻坚向纵深推进，绿色、循环、低碳发展迈出坚实步伐，生态环境保护发生历史性、转折性、全局性变化，我们的祖国天更蓝、山更绿、水更清"，在进一步阐述依然面临的问题与挑战时则指出，"生态环境保护任务依然艰巨"。

不难看出，党的二十大报告分别以"生态文明建设""美丽中国建设""生态环境保护"三个不同的主题词，对党的十八大以来的生态文明建设给出了一个基于十年考量、也更加全面肯定的评价——明显高于党的十九大报告使用的"成效显著"和党的十八大报告使用的"扎实展开"，而在强调依然存在的问题和挑战时则使用了与过去相近的表述，包括类似前一个报告的"生态环境保护任重道远"等，这在一定程度上反映了党中央对于我国生态环境质量改善水平的审慎态度。

需特别指出的是,党的二十大报告还专门强调要从"五史"高度,认识包括生态文明建设进展在内的新时代十年巨大成就与变革的重大意义。"新时代十年的伟大变革,在党史、新中国史、改革开放史、社会主义发展史、中华民族发展史上具有里程碑意义。"依此而论,我们应该不仅限于《决议》和党的二十大报告所列举的具体成果,而应从一种更宽阔的理论视野和动态发展的观察角度,来理解、概括新时代中国特色社会主义生态文明建设所取得的理论与实践创新,如逐步形成并确立了习近平生态文明思想,建设美丽中国逐渐成为新时代中国现代化建设明确的目标性任务,当代中国日渐成为全球生态文明建设的重要推动引领力量,等等。

(三)习近平总书记在2023年全国生态环境保护大会上的讲话

习近平总书记在2023年7月17—18日举行的全国生态环境保护大会上强调:"党的十八大以来,我们把生态文明建设作为关系中华民族永续发展的根本大计,开展了一系列开创性工作,决心之大、力度之大、成效之大前所未有,生态文明建设从理论到实践都发生了历史性、转折性、全局性变化,美丽中国建设迈出重大步伐。"在此基础上,他进一步概括了我国生态环境保护治理或生态文明建设议题领域已经或正在发生的如下四个方面的"重大转变":"由重点整治到系统治理的重大转变""由被动应对到主动作为的重大转变""由全球环境治理参与者到引领者的重大转变""由实践探索到科学理论指导的重大转变"。正因为如此,经过新时代十年的不懈努力,我国生态文明建设不仅带来了"万里河山更加多姿多彩"意义上的巨大变化,而且成为党和国家事业整体上取得历史性成就、发生历史性变革的"显著标志"。

由此可见,习近平总书记的上述重要讲话,不仅是对《决议》、党的二十大报告主要观点的进一步诠释阐发,也是对新时代十年我国生态文明建设理论与实践更加系统深入的概括总结。

二、新时代我国生态文明建设的三大方面进展

如上所述，新时代我国生态文明建设发生了举世瞩目的巨大变化或"重大转变"。那么，这些伟大变革究竟是如何发生或何以发生的呢？我们可以从如下三个层面加以深入分析与总结：党的理论知识水平与实践能力的大幅度提高，生态文明制度与政策体系的初步建立和改革创新，生态环境保护治理现代化的显著成效。

（一）党的理论知识水平与实践能力的大幅度提高

习近平生态文明思想是以习近平同志为主要代表的中国共产党人关于广义的生态环境保护治理或生态文明建设议题的理论思考及其政策实践，是习近平新时代中国特色社会主义思想的重要组成部分。更进一步说，就其核心要义而言，它同时是当代中国和 21 世纪的马克思主义生态学，是中国共产党新时代

的绿色政治意识形态与治国理政方略，是中国特色、中国风格、中国气派的环境人文社会科学理论。

作为一个完整的理论体系构架或样态，习近平生态文明思想首先呈现为习近平总书记在2018年全国生态环境保护大会上讲话（以下简称"5·18讲话"）中最先阐明的、推进生态文明建设必须坚持的"六项原则"："坚持人与自然和谐共生""绿水青山就是金山银山""良好生态环境是最普惠的民生福祉""山水林田湖草是生命共同体""用最严格制度最严密法治保护生态环境""共谋全球生态文明建设"。可以说，这六项原则及其系统性阐述，不仅集中体现了新时代中国共产党人对于为什么建设生态文明、建设什么样的生态文明、怎样建设生态文明的重大理论和实践问题的深刻回答，也包含了作为习近平生态文明思想主要构成元素的创新性理念、论断和战略。

以此为蓝本，一方面，习近平生态文明思想的理论意涵不断扩展成为一个包含"十个坚持"的权威性理论话语体系，即"坚持党对生态文明建设的全面领导""坚持生态兴则文明兴""坚持人与自然和谐共生""坚持绿水青山就是金山银山""坚持良好生态环境是最普惠的民生福祉""坚持绿色发展是发展观的深刻革命""坚持统筹山水林田湖草沙系统治理""坚持用最严格制度最严密法治保护生态环境""坚持把建设美丽中国转化为全体人民自觉行动""坚持共谋全球生态文明建设之路"[1]。另一方面，习近平生态文明思想的科学体系意涵在环境人文社会科学图谱的不同维度下得到具体、深入与多样化的探究，比如将其分别视为由理念原则、制度构想与战略举措三个维度构成的统一整体，由政策内容、理论话语和学科教育传播三个体系构成的统一整体，由理论、实践与传统三个层面构成的统一整体，等等。自觉将习近平生态文明思想当作一个内容丰富且不断发展的理论体系和学术对象来研究，不仅展现了这一理论体系与依然迅速进展中的实践的辩证互动特征，也反映了作为认知实践主体的从社会精英到普通民众的绿色思维与知识水平提升，而这是任何先进理论得以发挥现实影响的先决性条件。

---

[1] 中共中央宣传部、中华人民共和国生态环境部编：《习近平生态文明思想学习纲要》，学习出版社、人民出版社2022年版，第2—3页。

同样重要的是，习近平生态文明思想如今已拥有许多新经典性质的权威文献，包括党的二十大报告（2022）、党的十九大报告（2017）、党的十八大报告（2012）、《论坚持人与自然和谐共生》（2022）、《习近平关于社会主义生态文明建设论述摘编》（2017）、《习近平著作选读》（两卷）（2023）、《习近平谈治国理政》（四卷）（2014—2022）等，从而为其大众化传播与宣传教育提供了便利条件。尤其是，"5·18讲话"不仅首先全文发表在《求是》杂志2019年第3期，还先后收录进《习近平谈治国理政》（第三卷）、《论坚持人与自然和谐共生》和《习近平著作选读》（第二卷），因而是习近平生态文明思想的标志性理论成果、"经典中的经典"。

在所有核心理念的大众化传播中，"绿水青山就是金山银山"或"两山论"肯定是普及度和接受度最高的一个。可以说，无论是在它的正式诞生地浙江省安吉县余村，还是在繁华都市的观光休闲和高品质街区，抑或在祖国的西南边陲村寨、东北边疆小镇，"绿水青山就是金山银山"都是公共场所显示度和公众认同度最高的生态文明建设国家战略宣传和绿色文化推广语。这应归功于党和政府各级机构的政策推动与大力度宣传——比如生态环境部自2017年开始在全国评选"'绿水青山就是金山银山'实践创新基地",同时也不应忽视"两山论"所蕴含或激发的国家生态文明建设战略与广大人民群众日益增长的优美生态环境需要之间的耦合效应。

在实践推动层面上,进入新时代以来,党中央以前所未有的力度抓生态文明建设,从思想、法律、体制、组织、作风上全面发力,不仅促成了我国生态环境保护发生历史性、转折性、全局性变化,也带来了党自身素质与全面领导能力的大幅度改善和提升,这突出体现在党的干部管理如考核、选拔、任用和制度改革上。

2013年12月,作为落实党的十八大提出的加强生态文明制度建设战略部署与要求的重要举措,中共中央组织部印发了《关于改进地方党政领导班子和领导干部政绩考核工作的通知》。该通知规定,今后对地方党政领导班子和领导干部的各类考核考察,不能仅仅把该地区的生产总值和增长率作为政绩评价的主要指标，不能搞地区生产总值及增长率排名，中央有关部门不能单纯依此衡量各省（区、市）的发展成效，地方各级党委政府不能简单地依此评定下一级领导班子和领导干部的政绩和考核等次，并取消对限制开发区域和生态脆弱的国家扶贫开发工作重点县地区生产总值考核。依据这一通知，全国各省（区、市）的许多县（市、区、旗）都取消了以往统一的地区生产总值排名，而是根据国家和省（区、市）的主体功能区规划进行领导干部的分类考核和选拔使用。

2016年12月，中共中央办公厅、国务院办公厅印发了《生态文明建设目标评价考核办法》。该办法规定，生态文明建设目标评价考核将采取评价和考核相结合的方式，实行年度评价、五年考核。其中，年度评价将按照绿色发展指标体系实施，主要评估各地区资源利用、环境治理、环境质量、生态保护、增长质量、绿色生活、公众满意程度等方面的变化趋势和动态进展；目标考核内容主要包括国民经济和社会发展规划纲要中确定的资源环境约束性指标，以及党中央、国务院部署的生态文明建设重大目标任务完成情况，突出公众的获得感。这一考核办法的核心是将"绿色发展指数"的评估方法引入生态文明建设的目标评价，并进一步应用于地方各级领导干部的政绩考核和选拔使用。虽然从2017年底公布的2016年度省域评价结果来看，该指标体系的内容和地方政府的认可度、接受度都还存在进一步改进的空间，但是从党的二十大选举产生的新一届中央领导集体构成和随后进行的全国各地党政人事安排调整来看，生态环境保护治理领域的"弱势群体（行业）"现象已经得到相当程度的扭转。

同样值得关注的是，践行和大力推进生态文明建设正在成为日益明确而严格的党纪规章要求。

党的十八大将生态文明建设理念和战略写入修改后的《中国共产党章程》（以下简称"党章"），明确提出"中国共产党领导人民建设社会主义生态文明"，党的十九大进一步把"绿水青山就是金山银山"理念写入修改后的党章。在此基础上，党的二十大对党章做了相关修改，例如：在阐述"创新、协调、绿色、开放、共享的发展理念"时,"发展理念"之前明确增加了"新"字,即新发展理念;在阐述我国外交政策目标时,增加了"清洁美丽的世界"。

如今,生态文明建设话语体系中的主要概念、术语和表述,比如"生态文明建设""社会主义生态文明""绿水青山就是金山银山""美丽""可持续发展战略""人与自然和谐相处",都已纳入党章的总纲之中。更为重要的是,党的十八大以来,党内法规在党和国家治理体系中的地位已经有了显而易见的提升——强调要"把党的政治建设摆在首位"。而这意味着,生态文明建设理念与战略将会以更高的贯彻标准、更严格的党纪规章形式加以推进。

应该说,领导干部或"关键少数"的生态文明素质、能力与担当是以习近平同志为核心的党中央高度重视、反复要求的。比如,习近平总书记在"5·18讲话"中强调,"地方各级党委和政府主要领导是本行政区域生态环境保护第一责任人,对本行政区域的生态环境质量负总责"(即党政同责)。他还在2023年全国生态环境保护大会上再次强调,地方各级党委和政府要坚决扛起美丽中国建设的政治责任，抓紧研究制定地方党政领导干部生态环境保护责任制，建立覆盖全面、权责一致、奖惩分明、环环相扣的责任体系。

总之，党的全面领导既是新时代中国特色社会主义生态文明建设的首要表征，也是这一先进理论与实践得以健康持续推进的"第一动力"。因而，全党的生态文明建设理论知识水平与实践能力至关重要。也正是在这一意义上，各级党政领导班子和领导干部对习近平生态文明思想日益系统深入的理解、把握、践行和运用能力的持续提高，是推动我国新时代生态文明建设不断迈上新台阶的前提和重要体现。

（二）生态文明制度与政策体系的初步建立和改革创新

生态文明制度与政策体系的构建是我国新时代十年生态文明建设的战略重点。可以说，从党的十八大到党的二十大都聚焦于"深化生态文明体制改革，尽快把生态文明制度的'四梁八柱'建立起来，把生态文明建设纳入制度化、法治化轨道"①。而从环境政治学的分析视角来说,这又明显地分为政治决策和政策落实两个方面。

在政治决策层面上,党的十八大报告不仅重点强调了建设生态文明的长远与现实重要性及其作为"五位一体"总体布局不可或缺要素的地位,明确阐述了大力推进生态文明建设的基本方针原则,尤其是一种新生态文明观及其对于建设社会主义生态文明的重要意义,还具体论述了大力推进生态文明建设需要着力推动的四大战略部署及其总要求和重点领域,"加强生态文明制度建设"就是其中之一,并具体列举了将生态文明理念原则内在化的经济社会发展评价体系、生态文明建设目标评价与考核、生态环境保护治理、资源有偿使用和生态补偿、生态环境保护责任追究和环境损害赔偿等方面的制度。

从党的十八大到党的十九大这五年间有三篇重要政策性文献:一是2013年党的十八届三中全会通过

---

① 习近平:《论坚持人与自然和谐共生》,中央文献出版社2022年版,第157页。

的《中共中央关于全面深化改革若干重大问题的决定》。该决定的第51条"健全自然资源资产产权制度和用途管制制度"和第53条"实行资源有偿使用制度和生态补偿制度",大致属于生态环境经济制度与政策的范畴,而第52条"划定生态保护红线"和第54条"改革生态环境保护管理体制",大致属于生态环境行政监管制度与政策的范畴,但它们作为一个整体,都致力于"建立系统完整的生态文明制度体系"。二是2015年3月24日中央政治局审议通过的《关于加快推进生态文明建设的意见》。该意见分为九部分,共35条,具体包括"总体要求""强化主体功能定位,优化国土空间开发格局""推动技术创新和结构调整,提高发展质量和效益""全面促进资源节约循环高效使用,加快利用方式根本转变""加大自然生态系统和环境保护力度,切实改善生态环境质量""健全生态文明制度体系""加强生态文明建设统计监测和执法监督""加快形成推进生态文明建设的良好社会风尚""切实加强组织领导",而它的指导思想重点就是"健全生态文明制度体系"。三是2015年9月中共中央、国务院印发的《生态文明体制改革总体方案》。该方案明确阐述了包括健全自然资源资产产权制度、建立国土空间开发保护制度、建立空间规划体系、完善资源总量管理和全面节约制度、健全资源有偿使用和生态补偿制度、建立健全环境治理体系、健全环境治理和生态保护市场体系、完善生态文明绩效评价考核和责任追究制度等在内的"八大制度"，并要求将各部门自行开展的综合性生态文明试点统一为国家试点试验，其基本目的是加快建立系统完整的生态文明制度体系，增强生态文明体制改革的系统性、整体性、协同性。

党的十九大报告关于生态文明建设的阐述尤其值得关注，体现了一种大格局或结构性的变化，即将生态文明建设明确置于"新时代中国特色社会主义思想"这一宏大理论体系的架构之下。概言之，它不仅进一步强调了习近平生态文明思想对于我国生态文明理论与实践的指导和引领作用，首次提出了"社会主义生态文明观"这一新概念，还明确规定了以加快体制改革与制度创新来引领生态文明建设，而它关于新四大战略部署及其任务总要求——"推进绿色发展""着力解决突出环境问题""加大生态系统保护力度""改革生态环境监管体制"的论述，都包含着强烈而清晰的制度与政策革新意蕴，比如绿色发展的经济、技术、能源与生活方式体系，政府为主导、企业为主体、社会组织和公众共同参与的环境治理体系，统一行使资源与行政管理职责的国有自然资源资产和生态环境管理制度，以国家公园为主体的自然保护地体系，等等。

从党的十九大到党的二十大这五年间也有三篇重要政策性文献：一是习近平总书记2018年4月26日在深入推动长江经济带发展座谈会上的讲话和2019年9月18日在黄河流域生态保护和高质量发展座谈会上的讲话。它们构成了我国迄今为止最大的"流域生态文明建设推进战略"，意义重大而深远。它们既是习近平生态文明思想区域推进战略维度的最佳映现，也从整体上奠定了我国未来生态文明制度与政策体系的主体构架。目前，作为两大战略主要推进路径的《长江经济带发展规划纲要》（2016）、《中华人民共和国长江保护法》（2020）、《黄河流域生态保护和高质量发展规划纲要》(2021)、《黄河保护法》(2023),都在稳步推进与贯彻落实。二是党的十九届四中全会通过的《中共中央关于坚持和完善中国特色社会主义制度 推进国家治理体系和治理能力现代化若干重大问题的决定》。该决定的第十部分从"实行最严格的生态环境保护制度""全面建立资源高效利用制度""健全生态保护和修复制度""严明生态环境保护责任制度"四个方面,概述了我国生态文明制度体系现代化建设的整体目标要求。不仅如此,贯穿于该决定的"根本制度、基本制度、重要制度"的三维叙述线索,使我们还可以从更宽阔的理论视野来构想中国特色社会主义生态文明的未来愿景与制度框架。三是党的十九届五中全会通过的《中共中央关于制定国民经济和社会发展第十四个五年规划和二〇三五年远景目标的建议》。该建议提出的"十四五"规划目标涉及生态文明建设的内容包括:生态文明建设实现新进步,国土空间开发保护格局得到优化,生产生活方式绿色转型成效显著,能源资源配置更加合理、利用效率大幅提高,主要污染物排放总量持续减少,生态环境持续改善，生态安全屏障更加牢固，城乡人居环境明显改善。

党的二十大报告的第十部分"推动绿色发展，促进人与自然和谐共生"，系统阐述了全面贯彻习近平生态文明思想、统筹推进人与自然和谐共生的中国式现代化的世界观和方法论、行动原则、战略部署和总要求。十分明显的是，实现"加快发展方式绿色转型""深入推进环境污染防治""提升生态系统多样性、稳定性、持续性""积极稳妥推进碳达峰碳中和"等新四大战略部署的重要方面和前提性条件，是必须"完善生态文明领域统筹协调机制，构建生态文明体系"。

可以看出，新时代十年是我国生态文明制度与政策构设产出极其丰硕的时期。基于此，党的二十大报告把"生态文明制度体系更加健全"作为生态文明建设领域取得历史性成就、发生历史性变革的突出实例，而习近平总书记在2023年全国生态环境保护大会上也强调，党的十八大以来，我国生态文明建设从理论到实践都发生了历史性、转折性、全局性变化，美丽中国建设迈出重大步伐。

在政策落实层面上，也许更值得关注的，是上述制度与政策文件（倡议）如何在现实中执行、落实，进而得以不断改进和完善。在笔者看来，以下五个尤为活跃的议题领域最能够代表我国生态文明制度建设实践的丰富性、多样性与复杂性，同时也集中展现了中国特色社会主义生态文明建设的不断改革精神与创新力度。

其一，国家生态文明试验（示范、先行）区。生态文明建设地方（行业）性试点的政策倡议，最早是由中央政府相关部委提出并组织实施的。环境保护部自1995年起主导开展了从"生态示范区"到"生态文明建设试点示范区"的政策推动尝试；国家发展和改革委员会自2005年起主导开展了"循环经济试点"的尝试，自2010年起主导开展了"低碳省区和低碳城市试点"的尝试，自2014年起主导开展了"生态文明先行示范区"的尝试；水利部自2013年起主导开展了"全国水生态文明建设试点"的尝试；等等。2014年3月，《国务院关于支持福建省深入实施生态省战略加快生态文明先行示范区建设的若干意见》正式下发。随后，江西、贵州、云南和青海四省成为国家发展和改革委员会等七部委主导的国家第一批生态文明先行示范省。2016年8月，依据《生态文明体制改革总体方案》，中共中央办公厅、国务院办公厅印发了《关于设立统一规范的国家生态文明试验区的意见》，福建、江西和贵州被纳入首批国家生态文明试验区，致力于探索形成可在全国复制推广的成功经验。随后，中共中央办公厅、国务院办公厅还先后印发了《国家生态文明试验区实施方案》（福建、江西、贵州、海南）四个文件。

党的十九大以来，除了继续推进的福建、江西、贵州、海南四省的国家生态文明试验区建设，生态环境部2017—2022年的政策推动特征，其优越性是十分明显的，尤其是可以把党和政府的理念目标或制度政策构想较为保真地进行体制内嵌入或"现实化"，因此在很大程度上呈现为一种全国性的生态文明建设社会政治动员、示范引领与递次推进。但也应承认，这种过于直接的植入式做法，也会使得某些制度、政策、创意由于缺乏足够充分的检验或矫正而难以得到实质性或尽快的改进甚或被弃置。①

其二，国家公园体制。国家公园是世界各国普遍采取的自然保护地制度类型。我国的国家公园创建尝试始于21世纪初，党的十八届三中全会通过的《中共中央关于全面深化改革若干重大问题的决定》正式提出我国将建立国家公园体制，并启动了建立国家公园体制的试点工作，选择三江源、东北虎豹、大熊猫等十处作为国家公园体制试点；2015年，中共中央、国务院印发的《生态文明体制改革总体方案》明确规定了建立国家公园体制的目标任务；2017年9月，中共中央办公厅、国务院办公厅印发了《建立国家公园体制总体方案》。

2017年，党的十九大报告进一步强调要建立以国家公园为主体的自然保护地体系；2019年6月，中共中央办公厅、国务院办公厅印发的《关于建立以国家公园为主体的自然保护地体系的指导意见》，详细阐

---

① 赵远跃、杨宏山：《模糊政策的试验评估模式——以国家生态文明试验区建设为例》，《上海行政学院学报》2023年第2期；刘丹、张琦、刘俊玲：《基于网络SBM模型的国家生态文明试验区建设绩效评价》，《福州大学学报（哲学社会科学版）》2022年第2期。

述了我国自然保护地体系建设的理念原则、目标任务和实施步骤；2021年10月，在昆明召开的《生物多样性公约》第十五次缔约方大会领导人峰会上，习近平主席在重申我国将致力于构建以国家公园为主体的自然保护地体系目标的同时，宣布三江源、大熊猫、东北虎豹、海南热带雨林、武夷山等第一批五家国家公园正式设立；2022年，党的二十大报告再次强调要推进以国家公园为主体的自然保护地体系建设。

如今，我国已初步建立起了以国家公园为主体的自然地保护体系，可谓成绩卓著。但也必须看到，设置国家公园的本心是更好地保护这些自然地理上极具代表性的特殊生态区域，因此其体制建设和完善所关涉的不仅是一般意义上的生态环境保护治理，还关系到生态文明制度体系的整体性改革或形塑，而这一层面依然面临着诸多难题与挑战——比如建立成熟完善的国家公园法律体系、厘清不同维度下的行政监管职责和自然资源权属、抑缓相关各方的利益冲突与纠葛。[①]因此，国家公园的设立同符合人与自然和谐共生理想、生态文明未来愿景的中国特色国家公园体制之间，还有一段漫长而艰辛的探索过程。

其三，河（湖）长制。河（湖）长制是我国水生态环境保护治理或生态文明建设过程中逐渐形成与不断完善的监管协调体制。2003年10月，浙江湖州市长兴县率先创立了河长制。2007年春夏之际，太湖地区蓝藻大面积爆发，江苏无锡市引入并进一步扩展了河长制，由党政主要领导分别担任辖区内64条河流的河长。2008年9月，无锡市委、市政府联合下发了《关于全面建立"河（湖、库、荡、汊）长制"全面加强河（湖、库、荡、汊）综合整治和管理的决定》。2016年10月，中央全面深化改革领导小组第二十八次会议审议通过了《关于全面推行河长制的意见》；2017年11月，十九届中央全面深化改革领导小组第一次会议又审议通过了《关于在湖泊实施湖长制的指导意见》。这两个文件明确要求在我国全面建立实施

[①] 夏诗琪、刘中梅：《我国国家公园体制建设存在的问题与对策》，《科学发展》2023年第1期。

河（湖）长制。到 2018 年 6 月，全国 31 个省（自治区、直辖市）全面建立了河长制，共确定省、市、县、乡四级河长 30 多万名，以及由 29 个省份设立的村级河长 76 万多名，从而构建起了覆盖全国的既具有大致相同的组织构架，又各具运行特色的河（湖）长制体系。

创建河（湖）长制的直接缘由或初衷是原有监管体制比如水利（务）部门的水污染、水资源和水环境管理工作的无序或低效，因此希望由一个更高级别领导或更权威部门来统一协调，大多数情况下交由一个省、市、县、乡四级副职领导负责的"河（湖）长"办公室——尽管通常来说各级党政正职领导也会担任总河（湖）长或某一河（湖）长。事实证明，这一机制在紧急情形下是颇为有效的，因为它可以通过集中而迅速地调动资源来实现应急处置，在常态下还可以发挥某些行政管理协调与人众动员的功能。但这 机制的过于制度化或泛化使用，也会造成新的形式主义问题或低效沉疴，[1]需要给予更多关注和研究。

其四，生态产品价值实现体制机制。生态产品价值实现体制机制，既是践行落实"绿水青山就是金山银山"重要理念的实践进路，也是生态（环境）经济学视域下对生态环境保护治理或生态文明建设议题所作出的理论与政策回应，即通过促进经济生态化和生态经济化来实现绿色高质量发展的直接目标和生产发展、生活富裕、生态良好的整体目标，尤其是大力发展绿色产业、建立完善生态产品价值实现机制、改革完善绿色生产和消费政策、积极推动绿色金融发展。此前的各类生态（文明）示范（先行）区和福建、江西、贵州、海南等国家生态文明试验区是这方面制度探索的先行者。

2014年4月，国务院发布的《关于支持福建省深入实施生态省战略加快生态文明先行示范区建设的若干意见》，就包含了福建应成为"生态文明制度创新

---

[1] 颜海娜、曾栋：《河长制水环境治理创新的困境与反思——基于协同治理的视角》，《北京行政学院学报》2019年第2期；于红、杨林、郑潇：《河长制能实现"以邻为壑"到"守望相助"的协同治理吗？——来自七大流域准自然实验的检验》，《软科学》2022年第6期。

试验区"的战略目标要求；2016年8月，中共中央办公厅、国务院办公厅印发的《国家生态文明试验区（福建）实施方案》则明确提出，福建省要致力于成为"生态产品价值实现的先行区"。具体而言，福建要"积极推动建立自然资源资产产权制度，推行生态产品市场化改革，建立完善多元化的生态保护补偿机制，加快构建更多体现生态产品价值、运用经济杠杆进行环境治理和生态保护的制度体系"。可以说，这也是对其他国家生态文明试验区的共同要求。比如，2017年10月印发的《国家生态文明试验区（江西）实施方案》也明确提出，江西应成为"中部地区绿色崛起先行区""生态扶贫共享发展示范区"。依据这些目标要求，福建、江西、贵州和海南进行了涉及多个政策领域和层面的、全面推动开展生态产品价值实现的实践探索，并凝练出一系列可复制、可推广的制度创新成果。

2021年2月，中央全面深化改革委员会第十八次会议审议通过了《关于建立健全生态产品价值实现机制的意见》。依据该意见所提出的新目标要求，尤其是"到 2025 年，生态产品价值实现的制度框架初步形成""到 2035 年，完善的生态产品价值实现机制全面建立"。福建省发展和改革委员会发布《关于建立健全生态产品价值实现机制的实施方案的通知》，明确提出了福建面向 2025 年和 2035 年的阶段性目标，即"打造全国生态产品价值实现机制先行示范区"和"形成可复制可推广的生态产品价值实现'福建模式'"。江西省则着力于推进自然资源资产统一确权登记和产权制度改革，建立生态产品价值核算体系，健全生态资产与生态产品市场交易体制机制，推动自然资源资产有偿使用，积极推进国家综合补偿试点省建设，推广"两山银行""湿地银行"模式等。

应该说，生态产品价值实现机制探索是我国生态文明制度与政策创新实践中最丰富多彩的议题领域，并在相当程度上形塑了我国生态文明建设的生态经济化或绿色发展特点与表征。而在众多富有地域特色的探索性案例中，值得特别提及的是以福建省南平市等为代表的"生态银行"和以浙江省丽水市等为代表的"生态系统生产总值（GEP）核算"。前者致力于将分散化的自然生态资源实现基于统一机构（公司）平台的资产化管理与运营，而后者则致力于量化统计或彰显自然生态系统服务对于人类生活福祉的维持与改善功用，客观上都在促动现代经济发展的生态化转型与重构。当然，这种探索能否以及在何种意义上会导向一种真实的生态文明经济，还需要更长的时间来观察和检验。

其五，中央生态环境保护督察机制。中央生态环境保护督察是以习近平同志为核心的党中央精心谋划、统一部署、系统推动的重大体制创新和改革举措。2015年7月，《环境保护督察方案（试行）》经中央全面深化改革领导小组第十四次会议审议通过。该方案强调，建立环保督察工作机制是建设生态文明的重要抓手，对于严格落实环境保护主体责任、完善领导干部目标责任考核制度、追究领导责任和监管责任具有重要意义。2016年1月，中央环保督察在河北省开展试点工作。2016年7月和11月、2017年4月和8月先后分四批开展督察巡视，并实现了对全国31个省份的全覆盖。在党的十九大之前的四批中央环保督察过程中，共受理群众举报 13.5 万件，其总体效果被概括为中央肯定、百姓点赞、各方支持、解决问题。

党的十九大之后，中央生态环境保护督察机制进一步走向制度化、常态化。习近平总书记在"5·18 讲话"中对该机制实施的成效作出高度肯定；2019 年 6 月，中共中央办公厅、国务院办公厅印发了《中央生态环境保护督察工作规定》，对它的目标任务、组织架构、工作方式等都作出更明确的规定；党的十九届四中全会通过的《中共中央关于坚持和完善中国特色社会主义制度　推进国家治理体系和治理能力现代化若干重大问题的决定》和党的十九届五中全会通过的《中共中央关于制定国民经济和社会发展第十四个五年规划和二〇三五年远景目标的建议》，明确提到"落实（完善）中央生态环境保护督察制度"，而党的十九届六中全会通过的《中共中央关于党的百年奋斗重大成就和历史经验的决议》也提到了中央生态环境保护督察所取得的突出成果。从 2019 年 7 月到 2021 年 12 月，第二轮中央生态环境保护督察先后分五批对全国 26 个省市自治区和六家中央企业、两个国家机关单位等进行了督察巡视，并取得了显著效果。

党的二十大报告对这一机制再次作出肯定与强调，要求深入推进中央生态环境保护督察，而在 2023 年 7 月全国生态环境保护大会上的讲话中，习近平总书记也再次明确，要继续发挥中央生态环境保护督察利剑作用。因而，"中央生态环境保护督察"明显不同于之前曾由国务院主持或组织的临时性环保督察巡视，而是在相当程度上成为一种高度体制化和常态化的特定工作机制安排，致力于推动被督察对象切实扛起美丽中国建设重大政治责任。[1]

（三）生态环境保护治理现代化的显著成效

无论是党的理论知识水平和实践引领能力的不断提高，还是生态文明制度与政策体系的建立完善，都需要也终将会体现在城乡生态环境质量的逐步改善和国家生态环境治理体系与治理能力现代化水平的不断提升之上。事实也是如此，新时代十年来，我国生态

---

[1] 孙金龙、黄润秋：《坚决扛起中央生态环境保护督察政治责任》，《人民日报》2022 年 8 月 4 日。

环境保护治理和绿色高质量发展的主要指标都有了显著的进步。[1]

其一，生态环境质量改善成效显著。2021年，在生态环境保护治理方面，全国地级及以上城市细颗粒物（$PM_{2.5}$）平均浓度比2015年下降34.8%，优良天数比例上升6.3个百分点；全国地表水Ⅰ—Ⅲ类断面比例上升至84.9%，劣Ⅴ类水体比例下降至1.2%，长江干流全线连续两年达到Ⅱ类水体，黄河干流全线达到Ⅲ类水体；全国土壤环境风险得到有效管控，约1/3的行政村深入实施农村环境整治；全面禁止"洋垃圾"入境，实现固体废物"零进口"目标。在自然生态保护治理方面，大力实施山水林田湖草沙一体化保护修复，森林覆盖率达到24.02%；建成首批五个国家公园，首个国家植物园、种子库；自然保护地面积占陆域国土面积18%，300多种珍稀濒危野生动植物野外种群数量稳中有升。

其二，绿色低碳发展迈出坚实步伐。2012—2021

---

[1] 孙金龙：《促进人与自然和谐共生（认真学习宣传贯彻党的二十大精神）》，《人民日报》2023年1月10日。

年，我国以年均3%的能源消费增速支撑了年均6.6%的经济增长，能耗强度累计下降26.4%，相当于少用标准煤约14亿吨，少排放二氧化碳近30亿吨，是全球能耗强度降低最快的国家之一；过去十年中，我国二氧化碳排放强度下降了34.4%。2021年，我国煤炭消费量占能源消费总量的比重比2012年下降12.5个百分点，清洁能源消费占比提升到25.5%，可再生能源装机规模突破11亿千瓦，水电、风电、太阳能发电、生物质发电装机和新能源汽车产销量均居世界第一，并建立了全球规模最大的碳市场。

其三，全球环境治理贡献日益凸显。近年来，我国推动应对气候变化《巴黎协定》的达成、签署、生效和实施，宣布碳达峰、碳中和的目标愿景，充分展现了负责任大国的使命担当；成功举办《生物多样性公约》第十五次缔约方大会（COP15）会议，第一阶段会议后发布《昆明宣言》并提出设立昆明生物多样性基金，开启了全球生物多样性治理新篇章；倡导建立"一带一路"绿色发展国际联盟和"一带一路"生态环保大数据服务平台，积极开展"南南合作"，帮助发展中国家提高环境治理水平。我国生态文明建设成就得到国际社会的广泛肯定,成为全球生态文明建设的重要参与者、贡献者、引领者。

当然,与上述数字变化同样重要的是广大人民群众的日常生活体验与切身感受。例如,十年前曾经肆虐整个华北地区的雾霾天气,不仅直接影响到广大人民群众的生活环境质量与身心健康,也影响了其对于现代化发展成果的获得感、幸福感。如今包括北京市民在内的全国各地人民群众在自己朋友圈里更多分享的是随手拍的蓝天白云,这也是对党和政府生态文明建设理念战略及其切实成效的最好宣传与肯定。

三、新时代我国生态文明建设的基本经验

上述三个方面的重要进展,集中展现了我国新时代以来生态文明建设理论与实践所取得的历史性成就、带来的历史性变化。在此基础上,我们还可以进一步

总结出这些成就和变化能够实现的基本经验，而这将有助于继续推进新时代生态文明建设，全面建成人与自然和谐共生的中国式现代化。

（一）坚持和完善中国共产党对生态文明建设的全面领导

党的十八大以来，以习近平同志为核心的党中央高度重视资源环境约束趋紧、生态系统退化等问题，尤其是各类环境污染、生态破坏事件呈高发态势的严峻形势，将生态文明建设提升为关乎中华民族永续发展的根本大计和"五位一体"总体布局之一的重大国家战略，反复强调生态文明建设是关系党的使命宗旨的重大政治问题，是关系民生福祉的重大社会问题。对此，习近平总书记曾做了"五个一"的概括，即"五位一体"总体布局中的其中一位、新时代坚持和发展中国特色社会主义基本方略中的其中一条、新发展理念中的其中一项、"三大攻坚战"中的其中一战、社会主义现代化强国目标中的其中一个。

新时代以来，党中央以前所未有的力度抓生态文明建设，从思想、法律、体制、组织、作风等多方面全面发力，开展了一系列根本性、开创性、长远性工作。从国家生态文明建设整体目标和制度体系框架的顶层设计，到某一个政策议题领域的体制改革（构建）总体规划和实施方案，再到重大制度与政策改革（构建）举措的贯彻实施，都体现着党中央的统一谋划、部署与推动。可以说，从国家主体功能区战略的组织实施到以国家公园为主体的自然保护地体系的创建，从打赢打好污染防治攻坚战、开展中央生态环保督察到积极参与全球环境和气候治理，都是围绕着党的十八大报告所作出的"大力推进生态文明建设"和党的十九大报告所作出的"加快生态文明体制改革，建设美丽中国"的整体战略构设而逐次展开、有序推进的。

与此同时，新时代以来也是中国共产党作为马克思主义执政党的"绿色成长史"。在生态文明建设领域，党不仅展现了强劲的政治领导力、思想引领力、群众组织力和社会号召力，也展示了强大的自我学习与提升能力。这既是确保其履行"领导人民建设社主义生态文明"政治承诺的内在保证，也将使之成为一个更加伟大的社会主义政党。

（二）持续推进习近平生态文明思想与新时代生态文明建设实践的结合创新

毋庸置疑，习近平生态文明思想是马克思主义生态理论同中国特色社会主义生态文明建设实践相结合、同中华优秀传统生态文化相结合的重要理论成果，是习近平新时代中国特色社会主义思想的有机组成部分。这一思想之所以会产生，归根结底是由于中国特色社会主义进入新时代后所展现的社会主要矛盾变化或社会实践需要，而作为这一思想主要创立者的习近平同志的最大贡献，就是对这种实践需要、实践指向和实践经验进行了科学系统的总结。也正是在这种意义上，习近平生态文明思想同时是"两个结合"的理论成果和创新典范，它对中国为什么建设生态文明、建设什么样的生态文明和怎样建设生态文明的重大理论与实践问题作了系统而深刻的回答。

新时代以来波澜壮阔的变革清晰地表明，这种结合并不是一蹴而就的孤立事件，而是一个持续推进的动态过程。从保护环境基本国策的确立到实施可持续发展战略、建设"两型"社会，从党的十八大报告的初步阐述到党的十九大报告的系统阐述，再到"5·18讲话"的体系化确立，直至在2023年全国生态环境保护大会上的进一步阐发，习近平生态文明思想是一种与时俱进、与实践同行的鲜活理论，并将随着新时代生态文明建设的持续推进而不断创新完备。所以，党的二十大报告着重强调："实践没有止境，理论创新也没有止境。不断谱写马克思主义中国化时代化新篇章，是当代中国共产党人的庄严历史责任"[1]。因此，学习贯彻习近平生态文明思想，最重要的是把握好它的世界观和方法论，坚持好、运用好贯穿其中的立场观点方法，不断拓展生态文明认知的广度和深度，以新的理论指导新的实践。

---

[1] 习近平：《高举中国特色社会主义伟大旗帜　为全面建设社会主义现代化国家而团结奋斗——在中国共产党第二十次全国代表大会上的报告》，人民出版社2022年版，第18页。

（三）发挥包括地方政府（干部）在内的最广大人民群众的伟大创造力量

生态文明建设中人民群众的主人翁精神、责任感和主体意识，既是马克思主义世界观、方法论的基本要求，也是中国特色社会主义生态文明建设的首要体现。正如习近平总书记强调指出的，加强生态文明建设是人民群众追求高品质生活的共识和呼声，而美丽中国建设离不开每一个人的努力。换言之，推进生态文明建设是中国共产党及其领导的社会主义国家以人民为中心的发展思想在公共政策领域的标志性体现，也是中国特色社会主义不断走向成熟完善的重要表征。

新时代以来的生态文明建设，是广大人民群众同时作为受益主体、参与主体和民主主体的生动验证。尤其是生态文明经济建设中的多主体多形式参与，比如基层的社村干部和个体生态创业者，成为社会整体绿色变革和转型的最为活跃的、可持续的推动性力量，这种经济基础层面上的绿化终将会外溢到社会制度和意识形态领域。

后 记

践行大学之道

韩毓海

2014年5月4日上午10时许,习近平总书记神采奕奕地走进北京大学阳光大厅,在热烈的掌声中,与大家亲切握手致意,亲自主持召开了师生座谈会。

在听取学校领导和师生代表的汇报后,习近平总书记发表重要讲话,深刻阐释了"大学之道",勉励我们立足中国大地办世界一流大学。

习近平总书记深刻指出:"大学是一个研究学问、探索真理的地方。""以青春之我,创建青春之家庭,青春之国家,青春之民族,青春之人类,青春之地球,青春之宇宙"——近代以来,在救亡图存、振兴中华的历史洪流中,时代呼唤的是能谱写一曲曲感大动地乐章的时代新人。

历史和现实反复告诉我们：大学不是"智识贩卖所"，大学与教育不仅以"知识"的授受为中心，更是以"育人"、以"立德树人"为中心的。

古人说："大学之道，在明明德，在亲民，在止于至善。"其中蕴含着中华文明绵延数千年的独特价值体系，这一价值体系就是我们所要立足的大地。

所谓"德"，就是我与万物一体，与人民同心同德。与万物一体，与人民同心同德——这就是明明德，亲民，止于至善。故王阳明说，"学校以成德为事"。即教育的目的，首先就是立德树人。

蔡元培入职北大后，明确提出"守公德、严私德"，而所谓"公德"，既是教育和大学的基础，也是通向"天下为公"的世界的桥梁。古人说，格物致知，正心诚意，修身齐家治国平天下。说到治理，无非德治、法治与自治，而德治是基础。在蔡元培看来，只有抱定天下为公的宗旨，只有把"天下为公"作为"公德"，只有从修德——抱定学问为公、天下为公的宗旨，从格物致知、正心诚意出发，方能修身齐家治国平天下。

后　记

综论大学之道，习近平总书记深刻强调"立德树人"。我们所说的"德"，是公德，是大德。社会主义核心价值观就深刻体现了这种德。

大学与教育，乃天下之公器；大学与教育，是造就一个公平合理进步的人生和世界的基本方式。知识不是知识者的特权，劳动也不是劳动者的宿命，大学不是知识分子的小圈子、"势力范围"乃至"象牙塔"。我们必须立足中国大地，为人民做学问。

大学是研究学问、追求真理的地方。这就决定了：大学必须以天下之是非为是非，必须以天下之责任为己任，正所谓"学校乃治天下之地，而非养士之所"。

以天下是非为是非，公是非于天下，以天下兴亡为己任，为人民做学问，把学问写在中国大地上，就是往圣先贤所立之大德，也是北京大学前人所立之志向。习近平总书记指出："广大青年对五四运动的最好纪念，就是在党的领导下，勇做走在时代前列的奋进者、开拓者、奉献者，以执着的信念、优良的品德、丰富的知识、过硬的本领，同全国各族人民一道，担负起历史重任，让五四精神放射出更加夺目的时代光芒。"

习近平总书记深刻指出，要实现中华民族伟大复兴，必须推进教育改革，全国高等院校要走在教育改革前列。

我们进行教育改革的根本目标，就是使全国人民同心同德，为中华民族伟大复兴，为建设社会主义现代化强国，为构建人类命运共同体而不懈奋斗。为了实现这一目标，必须像毛泽东曾经所说的那样，把我们的国家建成一所"大学校"，"六亿神州尽舜尧"。"使一国之内，无一人不受教，无一人不知学"，在今天，就是要以习近平新时代中国特色社会主义思想武装头脑，为实现中华民族伟大复兴接续奋斗。

教育改革，乃是推动民族复兴和文明进步的着力点。当年，严复、蔡元培提出，大学是凝聚人心、改良风俗、研究高深学问的地方。同样地，也正是基于此，青年时代的毛泽东把新民学会的宗旨确定为"革新学术，砥砺品行，改良人心风俗"。

建设伟大事业，必须进行伟大斗争。这种伟大斗争，必须从改造学风、文风和作风做起。

服务中华民族伟大复兴，是大学之道的基本内涵。改造中国与世界，实现中华民族伟大复兴，是一场空前的奋斗，没有任何固定的模板、范本可以供我们仿效，

后 记

我们要搞的是中国式现代化,那种把人类历史和现代化发展理解为单一模式的观点,是机械的和非历史的。

习近平总书记在视察北京大学的讲话中深刻指出:"站立在 960 万平方公里的广袤土地上,吸吮着中华民族漫长奋斗积累的文化养分,拥有 13 亿中国人民聚合的磅礴之力,我们走自己的路,具有无比广阔的舞台,具有无比深厚的历史底蕴,具有无比强大的前进定力。中国人民应该有这个信心,每一个中国人都应该有这个信心。我们要虚心学习借鉴人类社会创造的一切文明成果,但我们不能数典忘祖,不能照抄照搬别国的发展模式,也绝不会接受任何外国颐指气使的说教。"

衡量我们的教育、研究、学术和学校工作的标准是:必须与我们民族、国家的历史文化相契合,必须同人民正在进行的奋斗相结合,必须面向和致力于我们需要解决的时代问题,必须与时代要解决的问题相适应。如果离开了我们要解决的时代问题,离开了我们正在进行的奋斗,离开了中国的历史文化和中国大地,离开了人民的要求和中国实际,便难以培养出真正的人才。

立德树人,是中华民族的时代价值观,人无德不立,而立足中国大地,首先就要立足中国价值观。习近平总书记深刻指出:"一个民族、一个国家的核心价值观必须同这个民族、这个国家的历史文化相契合,同这个民族、这个国家的人民正在进行的奋斗相结合,同这个民族、这个国家需要解决的时代问题相适应。世界上没有两片完全相同的树叶。"

2016年5月17日,习近平总书记在哲学社会科学工作座谈会上指出:要继承和弘扬中华优秀传统文化精华,坚持以马克思主义为指导,创新哲学社会科学,建立系统性、专业性的学科体系、学术体系、话语体系。这明确了加快构建中国特色哲学社会科学的总方针。

学习,是一个不断实践的过程。学风、文风、作风的转变,只能在工作实践中逐步产生。在郝平、龚旗煌同志率领下,在北大党委的强力支持下,由王博、于鸿君、王浦劬等同志布置实施,北京大学习近平新时代中国特色社会主义思想研究院自创立伊始,开始举办"新时代学习大家谈"(包括"新时代论坛"和"新时代青年论坛"),深入系统学习习近平新时代中国特色社会主义思想,紧密围绕时代问题,结合我们的奋斗,立足中国大地,明确学术和教学方向,通过这样的方式,推动学习习近平新时代中国特色社会主义思想不断走深走实。

论坛举办的目的，是以习近平新时代中国特色社会主义思想为指导，明确学术研究与教育改革的根本方向。而对于今天的中国来说，离开了深入研究、准确把握习近平新时代中国特色社会主义思想这个根本，就丧失了学术研究和教育改革的方向，也就谈不上学术与教育的真正繁荣与发展。

"凡一切政，皆出于学，则政与学不能分；非通群学不能成一学，非合庶政不能举一政，则某学、某政之各一门不能分。"所谓用学术讲政治，乃是因为学术与政治的共同基础是天下为公。学术是共同体，文明是有机体，共同体、有机体不能没有灵魂，只有用习近平新时代中国特色社会主义思想统领各学科，我们的学术研究才能有根有魂，才能欣欣向荣、日新月异，不断焕发出磅礴的创造力与生命力。

目前，"新时代学习大家谈"的工作已经进入新阶段。作为此项工作的服务者，借此机会，向参与论坛学习活动的专家学者、广大师生表达敬意。北京大学习近平新时代中国特色社会主义思想研究院王浦劬院长高度重视此项工作，研究院同仁孙熙国、孙蚌珠、李琦、黄宇蓝、王强对此项工作付出大量心血，尹俊、韩函岑同志特别是中央编译出版社为丛书出版做了大量工作，这是广大师生和同志们集体努力的成果。

由于水平有限，丛书还有许多不足之处，敬候广大读者批评指正，以鞭策我们继续努力。